o Evangelho *para* MUÇULMANOS

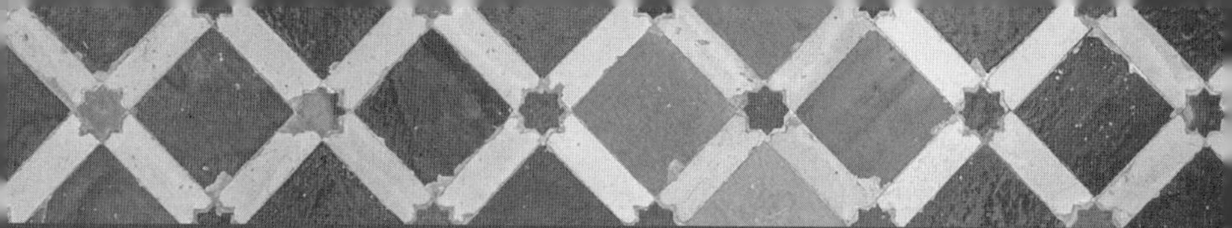

o Evangelho *para* MUÇULMANOS

Um Incentivo *para* Compartilhar as Boas-Novas de Cristo *com* Confiança

THABITI ANYABWILE

FIEL Editora

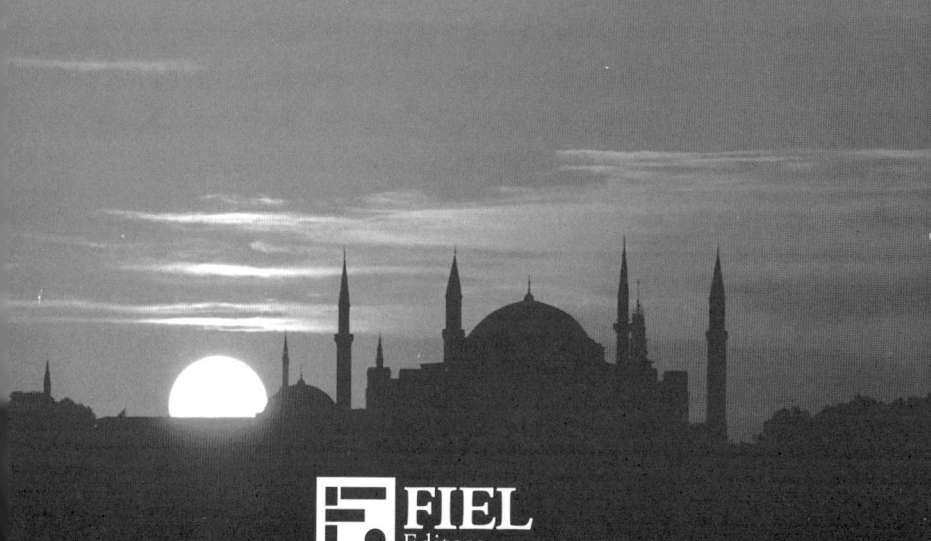

| A637e | Anyabwile, Thabiti M., 1970-
O evangelho para muçulmanos : um incentivo para compartilhar as boas-novas de Cristo / Thabiti M. Anyabwile. – São José dos Campos, SP : Fiel, 2015.

192 p. ; 21cm.
Traduzido de: The gospel for muslims.
Inclui referências bibliográficas.
ISBN 978-85-8132-272-8

1. Missões junto aos muçulmanos. 2. Evangelização. I. Título.

CDD: 248/.5 |

Catalogação na publicação: Mariana C. de Melo – CRB07/6477

O Evangelho para Muçulmanos
– Um incentivo para compartilhar as boas-novas de Cristo com confiança

Traduzido do original em inglês
the Gospel for MUSLIMS – An Encouragement to Share Christ with Confidence
Copyright ©2010 por Thabiti Anyabwile

■

Publicado por Moody Publishers,
820 N. LaSalle Boulevard
Chicago, IL 60610.

Copyright © 2013 Editora Fiel
Primeira Edição em Português: 2015

Todos os direitos em língua portuguesa reservados por Editora Fiel da Missão Evangélica Literária

PROIBIDA A REPRODUÇÃO DESTE LIVRO POR QUAISQUER MEIOS, SEM A PERMISSÃO ESCRITA DOS EDITORES, SALVO EM BREVES CITAÇÕES, COM INDICAÇÃO DA FONTE.

■

Diretor: James Richard Denham III
Editor: Tiago J. Santos Filho
Tradução: Francisco Wellington Ferreira
Revisão: Márcia Gomes
Diagramação: Rubner Durais
Capa: Rubner Durais

ISBN: 978-85-8132-272-8

Caixa Postal 1601
CEP: 12230-971
São José dos Campos, SP
PABX: (12) 3919-9999
www.editorafiel.com.br

A um pregador de rua fiel, cujo nome eu não sei, que ouviu todos os meus argumentos anticristãos e respondeu com o amor e a clareza do evangelho.

A Derrick Scott e Sean Ensley, que oraram com interesse para que eu não me perdesse eternamente por causa do meu pecado e incredulidade e para que o Senhor me resgatasse do islamismo.

A Dwight, um rapaz que vivia em meu dormitório, que tolerou com paciência minha oposição, vivendo com alegria e fidelidade para o Senhor em um prédio cheio de calouros pagãos!

A Mack, Brian, David, Joanna, Nissen e aos alunos do FOCUS, por servirem ao Senhor no evangelho entre o povo muçulmano, os quais eles amam.

E ao Senhor da Glória, que usou todos estes vasos humanos para me contarem as boas-novas de seu amor, de sua ira e julgamento contra o pecado, de seu sacrifício expiatório em favor de pecadores, de sua ressurreição e reino, de sua segunda vinda, da vida eterna por meio do arrependimento e da fé nele e da bendita esperança e alegria de contemplarmos sua face.

SUMÁRIO

Prefácio 9

Qual o motivo deste livro? 13

Introdução: *o triunfo do evangelho
na vida de um muçulmano* 17

Parte 1: O evangelho

1 – Deus por qualquer outro nome? 27

2 – O pecado do homem: repousando
      levemente na consciência muçulmana 43

3 – Jesus Cristo: plenamente Deus e plenamente homem ... 57

4 – Jesus Cristo: o Cordeiro imolado – e ressurreto! 69

5 – Resposta: há arrependimento e fé... e, depois,
      há arrependimento e fé! 83

Parte 2: Quando você testemunha

6 – Seja cheio do Espírito 101

7 – Confie na Bíblia 115

8 – Seja hospitaleiro 129

9 – Use sua igreja local 147

10 – Sofra por causa do nome 161

Epílogo 177

Apêndice: *as boas-novas para
muçulmanos afro-americanos* 181

Prefácio

"*Você não acha que*, quando orarmos a Deus... e eles oram a Allah..."

Estávamos numa conferência missionária focada em evangelização mundial. O inquiridor era alguém envolvido com meios de comunicação cristãos. Seu olhar condescendente presumia que qualquer pessoa sensata certamente concordaria com a afirmação generosa que ele estava prestes a fazer.

"...Não acha que estamos falando com o mesmo Deus?", ele concluiu.

"Bem, não!", eu respondi. "De fato, acho que esta é realmente uma maneira perigosa de pensar'".

"Perigosa?" Ele olhou firmemente para mim. "Por quê?"

"Bem", eu disse, "há certas semelhanças entre as duas crenças, especialmente quando falamos sobre algumas ações morais. Mas, quando falamos sobre as coisas mais importantes – por exemplo, como conhecer a Deus – confundir o Deus do islamismo com o Deus da Bíblia confunde o evangelho, o assunto principal de nossa salvação eterna".

Gostaria de ter dado este livro àquele inquiridor. Não há nenhuma confusão em Thabiti. Na verdade, este é um livro que tenho desejado por muito tempo, por quatro razões importantes.

Thabiti é compassivo. Embora eu nunca o tenha visto esquivar-se da verdade, também nunca o vi ser indelicado. Sua conduta é cheia de graça e verdade, e isso se manifesta neste livro.

Thabiti é corajoso. Já o vi falar de Jesus numa grande reunião de muçulmanos, dos quais a grande maioria era amigável, dois eram muito bravos, e todos discordavam. No entanto, ele trabalhou para honrar a Deus, não aos homens, falando a verdade completa da cruz. Afinal de contas, Thabiti entende o que está em jogo. Ele saiu do islamismo e abraçou o cristianismo. Eu o tenho visto, repetidas vezes, arriscar a sua fé com amigos muçulmanos.

Em terceiro, num mundo dominado por técnicas e métodos, Thabiti mostra com clareza que o método mais importante para alguém ser equipado para compartilhar sua fé com amigos e vizinhos muçulmanos é conhecer o evangelho completamente. Ele nos convoca a crer que o evangelho é verdadeiramente "o poder de Deus para a salvação". Se você conhece o evangelho, tem a ferramenta mais importante que existe para compartilhar sua fé com um amigo muçulmano.

Prefácio

Por último, Thabiti convoca todos os cristãos a aprimorarem a sua fé. A doutrina islâmica ortodoxa é sinistramente semelhante a um cristianismo falsificado: os muçulmanos creem que Jesus era meramente um profeta, não Deus; creem que nossas boas obras ganham para nós a entrada no céu. Eles creem que a Bíblia é corrompida, e, embora contenha algumas palavras de Deus, ela não é *a* Palavra de Deus. Creem que a expiação vicária é um escândalo e que Deus nunca permitiria que seu filho sofresse o horror de um sacrifício sangrento na cruz. Além disso, eles dizem, não somos tão pecadores assim.

As doutrinas ortodoxas do islamismo não se parecem com as ideias erradas e populares do cristianismo ocidental? Durante vários anos, tenho ouvido que Deus ajuda aqueles que ajudam a si mesmos; que Jesus era apenas um grande mestre de moralidade; que a Bíblia está cheia de erros. Hoje, até a expiação vicária na cruz está sob ataque, sendo retratada como *abuso infantil cósmico*. É surpreendente que meu amigo na conferência missionária estivesse confuso sobre a quem oramos? Thabiti nos convoca a aprimorarmos os pensamentos sobre os fundamentos básicos da fé cristã, para que conheçamos aquilo sobre o que devemos falar.

J. M. STILES
CEO, *Gulf Digital Solutions*
Secretário Geral da *Fellowship of Christian Students*,
Emirados Árabes Unidos

Qual o Motivo Deste Livro?

Depois de um seminário sobre evangelização de muçulmanos, Jonathan me faz uma pergunta muito frequente: "Como você compartilha o evangelho com muçulmanos? Eu me sinto tão despreparado?"

Esta é uma pergunta excelente, mas tem um defeito fatal. Supõe que os muçulmanos exijam um evangelho diferente ou uma técnica especial, que os muçulmanos sejam de algum modo impermeáveis ao evangelho, de uma maneira que outros pecadores não o são.

Este pequeno livro foi escrito para aqueles que, como Jonathan, fazem essa pergunta ou se sintam despreparados. Foi escrito para que o cristão comum afirme um fato básico: como cristão, você já possui tudo de que necessita para saber como compartilhar eficientemente, com pessoas muçulmanas, as boas-novas de Jesus Cristo. A mensagem que nos salva – o evangelho – é a mesma que mudará eternamente nossos amigos e vizinhos muçulmanos.

Em minha experiência, os cristãos conhecem o evangelho. Apenas não têm confiança no poder que o evangelho tem. Este livro é uma chamada para que coloquemos a nossa confiança na mensagem que contém o poder de Deus para salvar todo aquele que crê (Rm 1.16). Não precisamos de novas técnicas para compartilharmos o evangelho. No que diz respeito à evangelização de muçulmanos, precisamos de confiança no evangelho. Minha oração é que este livro encoraje o cristão comum no que ele já sabe ser verdadeiro, para que compartilhe isso alegre e ousadamente com outros.

O Evangelho para Muçulmanos não é um livro de apologética – sobre como defender a fé cristã. Apologética é uma disciplina proveitosa, mas não é evangelização. *O Evangelho para Muçulmanos* se preocupa não com defesa e sim com um bom ataque, com levar o evangelho a outros. Portanto, o que você achará neste livro são auxílios para começar conversas, evitar alguns erros, indicações de minhas falhas em evangelização e lições bíblicas que visam ajudar-nos a contar a história do amor e da redenção de Deus por meio de seu Filho, Jesus Cristo.

O livro é organizado em duas seções. A Parte 1 focaliza o próprio evangelho. Abordamos os principais tópicos do evangelho – Deus, o homem, Jesus, o arrependimento e a fé – de modo que os assuntos fundamentais sejam explorados. Abordamos o entendimento sobre estes ensinos do ponto de vista

Qual o motivo deste livro?

islâmico e do cristão, para que as diferenças sejam acentuadas e a nossa evangelização focalizada de maneiras proveitosas. Fazemos referência ao Alcorão, para que o leitor tenha, pelo menos, uma apresentação simples de seus ensinos. Quando mencionamos *sura* no Alcorão, isso é equivalente a um capítulo. *Ayats* são versos. Mas nos centramos primariamente na própria Bíblia. Portanto, ler este livro com a Bíblia em mãos ajudará o leitor a focalizar as principais crenças.

A Parte 2 oferece algumas sugestões práticas para as ocasiões em que realizamos conversas evangelísticas com muçulmanos. As sugestões e ajudas são os capítulos sobre a Bíblia, a hospitalidade, a igreja local e o sofrer pela evangelização.

Cada vez mais, Deus tem se agradado em trazer o mundo muçulmano à nossa porta. A obra de missões e evangelização transcultural nunca foi tão acessível. Com confiança e dependência de Deus e de seu evangelho, podemos até ser a geração que verá o maior avivamento da história entre pessoas muçulmanas.

Essa é a minha oração. E desejo que este livro incentive cada leitor a fazer parte da grande obra de Deus.

INTRODUÇÃO

O Triunfo do Evangelho na Vida de um Muçulmano

Ela era uma profissional muito atraente, entre seus 20 e 30 anos. Era claro que respondera ao convite de um amigo para vir à discussão sobre islamismo. Permaneceu de pé, pacientemente, acompanhando cada palavra, enquanto os outros faziam perguntas e saíam em fila. Por fim, a multidão diminuiu, e ela me agradeceu tímida e educadamente pela palestra.

Então, o olhar. Eu já tinha visto aquele olhar muitas vezes antes. Num instante, uma alegria antes proibida, mas agora inefável, rompeu em sua face. Lágrimas rolavam, mas sua face brilhava de alegria. Seus olhos ficaram levemente arregalados de entusiasmo. Ela me disse que sua família era do Irã. Agora, ela e seus pais viviam e trabalhavam nos Estados Unidos. E, como é costume, viveria sob o cuidado deles até que se casasse. Mas ela tinha um segredo. Nas últimas duas semanas, ouvira o evangelho de Jesus Cristo e agora o amava como seu salvador.

"Eu não sei como dizer a meus pais ou o que acontecerá. Mas nunca fui tão feliz em minha vida. Não posso explicar... sinto tanta alegria". Mais lágrimas. Mais face radiante de alegria.

O evangelho "é o poder de Deus para a salvação de todo aquele que crê, primeiro do judeu e também do grego" (Rm 1.16) – e também dos muçulmanos!

Às vezes, acho que os cristãos duvidam desta verdade maravilhosa – que o evangelho seja o poder triunfante de Deus na vida de qualquer pessoa e de todos que creem. Parece que pensamos que certas pessoas estão fora do alcance do evangelho. Certamente, muitas vezes damos a impressão de pensar que os muçulmanos estejam além do alcance do evangelho e sejam impermeáveis ao poder que ele tem.

No entanto, contrariando a nossa incredulidade, o evangelho de Jesus Cristo é realmente triunfante no coração, mente e vida de inúmeros homens e mulheres de diferentes contextos muçulmanos. Eu sou uma dessas pessoas.

Gastei parte significativa de minha vida como um perdido. Sendo separado de Deus por causa de meu pecado, me dediquei a muitas atividades, pensamentos e atitudes contrárias ao evangelho. Entretanto, isto nunca foi mais verdadeiro do que quando vivi como um muçulmano praticante.

Eu me converti ao islamismo quando estava no segundo ano de faculdade. Nos anos anteriores à minha conversão, cresci muito irado com a vida. Meu pai nos abandonou quando eu tinha cerca de 14 anos. Fiquei irado com ele. Pouco antes de meu terceiro ano de ensino médio, fui preso, e muitos de meus amigos se afastaram de mim. Fiquei irado com eles também. Entre meu último ano de ensino médio e o primeiro ano de faculdade, descobri radicais dos anos 1960, como Malcom X, Amiri, Barak e muitos outros. Eles me tornaram ainda mais irado. Quando li a história de africanos e afro-americanos, fiquei irado com as pessoas brancas em geral. Quando terminei meu ano de calouro na faculdade, eu era um militante jovem e furioso que ardia não apenas de ira, mas também de ódio.

O islamismo prometeu uma maneira de lidar com aquele ódio e usá-lo. Isso é o que foi prometido. Mas, em minha experiência, o que ele me deu foi bem diferente.

Minha ira e ódio para com os brancos achou um alvo representativo fácil e supremo em um Jesus de cabelos loiros e olhos azuis. Embora expressasse respeito pelo "Jesus real", que era um profeta de Allah, eu era inimigo da cruz. E me deleitava na oposição aos alunos cristãos no *campus* e em lançar qualquer argumento que eu pudesse contra o cristianismo. Eu negava a ressurreição, reprovava e considerava como tolos aqueles que criam na ressurreição. O cristianismo era um grande estratagema elaborado pelos seguidores enganados e enganadores do "Jesus real". Eu era zeloso pelo islamismo, "a religião perfeita para o afro-americano".

Era Ramadã, um tempo de grande disciplina espiritual, oração e estudo. Eu me levantava antes do nascer do sol para ler o Alcorão. A manhã ainda vestia o torpor do sono. Acomodei-me em minha cadeira e, enquanto eu lia, uma firme consciência se estabeleceu em mim: *o islamismo não pode ser verdadeiro*.

Como um seguidor do islamismo, eu havia devorado do Alcorão tanto quanto eu pudera. Passagens que me ajudariam a falar com cristãos sobre suas "opiniões erradas ou enganadas" eram de interesse especial. Isso significou que eu tive de considerar os ensinos do Alcorão sobre Jesus. Mas o que descobri não podia ser verdadeiro e, ao mesmo tempo, o próprio islamismo ser coerente.

O islamismo ensinava que Jesus nascera de uma virgem sem nenhum pai terreno (Sura 3:42-50). O Alcorão ensinava claramente que a Torá, os Salmos de Davi e os Evangelhos eram livros revelados por Allah (Sura 4:163-65; 5:46-48 e 6:91-92). E, em muitas passagens, o Alcorão – escrito aproximadamente 600 anos depois de Cristo e os apóstolos – expressava tal confiança nestas seções da Bíblia, que chamava as pessoas a julgarem a verdade usando a Bíblia (Sura 3:93-94; 5:47 e 10:94). O Alcorão, em nenhuma de suas passagens, ensina que a Bíblia tenha sido corrompida ou mudada, mas apenas que alguns encobriram seu significado, entenderam-na de modo errado ou esqueceram a sua mensagem. Portanto, para mim, qualquer muçulmano coerente e intelectualmente honesto tinha de fazer um esforço para entender os ensinos da Bíblia.

Quando fui à Bíblia – supondo, primeiramente, que acharia coisas que confirmariam ou apontariam para o Alcorão mas, depois, ficando desesperado para achar as supostas profecias que apontariam para Maomé – todas as minhas suposições foram frustradas e não tinham fundamento. A afirmação de que o islamismo fosse o final e o selo de todas as religiões e de que seu profeta fosse o final e o selo de todos os profetas, simplesmente não parecia verdadeira.

Como Jesus poderia ser nascido de uma virgem, como o Alcorão ensina, e não ser o Filho de Deus, como os evangelhos ensinam tão claramente? Como poderia o tema de expiação e sacrifício, tão evidente na Lei de Moisés quanto nos Evangelhos, desaparecer no Alcorão? E o mais problemático: como a minha impiedade e meu pecado poderiam ser expiados sem um sacrifício perfeito em meu favor?

Meu pecado era real, e o islamismo não oferecia nenhuma solução para ele.

O islamismo me constrangera a crer que todas as necessidades e questões eram respondidas por seu sistema de leis e rituais. Eu havia crido na explicação do islamismo quanto ao desenvolvimento da religião e da sociedade – "o judaísmo é o ensino fundamental, o cristianismo, o ensino médio, e o islamismo, a universidade". Uma teologia e uma ideologia falsas haviam dominado minha vida.

Quando saí deste tempo de estudo e exploração, fiquei convencido de que o islamismo não era verdadeiro. Mais do que isso, estava quase certo de que todas as religiões eram falsas. Em vez de me voltar para Cristo, me voltei para a busca do mundo, crendo em mim mesmo e não em Deus.

Em meio a esta busca idólatra, o Senhor me interceptou e humilhou quando minha esposa perdeu o nosso primeiro filho. Sentei-me, em depressão branda, para assistir televisão. Por razões que eu não pude explicar na época, fiquei fascinado enquanto um pregador de televisão expunha 2Timóteo 2.15. Não era uma mensagem especialmente evangelística, mas vida e poder encheram aquele sermão sobre estudar a Palavra de Deus e hábitos mentais cristãos.

Por fim, a minha esposa e eu visitamos a igreja onde aquele pastor servia. Estávamos a sete ou oito fileiras do púlpito. Num culto lotado, com umas sete ou oito mil pessoas, parecia que os únicos presentes eram o pregador e eu mesmo.

O sermão, baseado em Êxodo 32, era intitulado "O que é necessário para que você fique irado?" Imagine isso. Havendo sido consumido de ira por mais de uma década, na primeira vez em que vou a uma igreja desde que me tornara muçulmano, o pregador fala sobre ira. Mas não foi como eu pensava. O sermão examinou cuidadosamente o pecado, a idolatria e as suas consequências. O pastor desafiou a congregação a desenvolver uma indignação santa e justa contra o pecado, a odiar o pecado e a voltar-se para Deus.

Fiquei impactado quando a santidade e a justiça de Deus foram explicadas a partir das Escrituras. Fiquei estranhamente consternado e alerta, realmente despertado, quando o pastor aplicou a doutrina do pecado aos seus ouvintes. Eu era condenado e culpado diante daquele Deus santo, que julga toda impiedade.

Então, com linguagem linda e clara, o pregador exaltou a Jesus. Ele era o Cordeiro de Deus que devemos contemplar!

Introdução: o triunfo do evangelho na vida de um muçulmano

Era o sacrifício predito no Antigo Testamento e imolado no Novo. Nele havia redenção. O impecável Filho de Deus viera realmente ao mundo para salvar todo que crê – até um ex-muçulmano, inimigo da cruz declarado e resoluto!

"Arrependa-se e creia para o perdão de seus pecados", foi o convite. Em bondade profusa, naquele dia, Deus converteu a mim e minha esposa, em fé, do pecado para Jesus Cristo. Literalmente da noite para o dia, Deus destruiu misericordiosamente a fortaleza de anos de ira e ódio. O evangelho triunfou onde nenhum outro poder havia triunfado ou poderia triunfar. O evangelho de Jesus Cristo me libertou das garras do pecado e das trevas do islamismo.

O evangelho é o poder de Deus para a salvação de todo aquele que crê. Vi esse poder na face daquela jovem iraniana naquele dia. Tenho visto esse poder manifestado na face de muitas pessoas de contexto muçulmano na América e no Oriente Médio. Eu mesmo tenho experimentado e recebido esse poder por meio da fé em Cristo.

E creio que este mesmo evangelho em suas mãos produzirá a mesma conversão e vida nova em pessoas muçulmanas que o Senhor colocar em seu caminho. Esta é a razão por que este livro foi escrito: incentivar cristãos comuns no extraordinário poder do evangelho.

O Evangelho

PARTE 1

CAPÍTULO 1

Deus por Qualquer Outro Nome?

Todo muçulmano crê no fato de que existe apenas um Deus. Na verdade, a principal confissão do islamismo é esta: "Há um só Deus, e Maomé é seu profeta".

Uma criança muçulmana ouvirá essa confissão recitada milhares e milhares de vezes, antes mesmo de ser capaz de falar. E o primeiro ato de convertidos ao islamismo é fazer esta confissão: "Há um só Deus..."

Para o muçulmano, a unidade radical de Deus – que há um único Deus sem quaisquer parceiros ou partes – separa o islamismo de todas as religiões pagãs do mundo. A maior blasfêmia no islamismo é *shirk*, ou seja, associar outros com Deus ou tornar outros parceiros dele. Para a mente muçulmana, nada poderia ser mais ofensivo e desonroso a Deus.

Quando me converti ao islamismo, a unidade simples e radical de Deus era uma doutrina muito apelativa. Como muitas pessoas, eu lutava com as complexidades da Trindade. Como Deus poderia ser um e, ao mesmo tempo, três pessoas? E como uma das pessoas da Trindade, Jesus, poderia ser plenamente Deus e plenamente homem? A Trindade desafiava a compreensão humana, e o islamismo oferecia uma opinião a respeito de Deus coerente com a razão humana.

Aceitando o mistério

Hoje, a tarefa cristã de proclamar o evangelho e persuadir seus vizinhos e amigos muçulmanos depende, em parte, de aceitarmos fielmente o mistério da Trindade – Deus, o Pai, Deus, o Filho, e Deus, o Espírito Santo. Muitos cristãos têm uma compreensão superficial sobre essa doutrina essencial da fé; e isso resulta em discussões incômodas com nossos amigos muçulmanos. Todavia, o que poderia ser mais apropriado do que o fato de que devemos ficar maravilhados a respeito de Deus, impressionados, não somente com seus atos, mas também com sua própria pessoa? Afinal de contas, *ele é Deus*.

Por que o teste definidor de nosso ponto de vista sobre Deus deveria ser a razão humana, se tanto muçulmanos quanto cristãos concordam que Deus é infinitamente superior a tudo que podemos imaginar ou pensar? Como poderíamos conhecer a Deus se ele não condescendesse em se revelar a nós?

Portanto, desde o começo, qualquer discussão sobre Deus exige certa humildade. Esta é a razão pela qual Tiago exorta seus leitores a acolherem, "com mansidão, a palavra em vós implantada, a qual é poderosa para salvar a vossa alma" (Tg 1.21). Jamais poderíamos conhecer a Deus se ele não revelasse a nós. E, se este é o caso, aceitar *tudo que* ele revelou a respeito de si mesmo é tanto necessário quanto humilhante.

RELIGIÃO REVELADA

O islamismo e o cristianismo são religiões reveladas. Ou seja, ambas dependem de textos sagrados nos quais Deus manifesta a si mesmo e sua vontade para a humanidade. Portanto, os muçulmanos e os cristãos deveriam estar em uma postura receptiva quanto a identificar o caráter e a obra de Deus, pois recebem da mão de Deus o que Deus deseja que saibam.

Isso suscita uma pergunta muito importante: o que os cristãos devem pensar do Alcorão, e o que os muçulmanos devem pensar da Bíblia?

Para atingir os propósitos de explicar e aplicar as boas-novas de Jesus Cristo a amigos e vizinhos muçulmanos, os cristãos não devem gastar muito tempo atacando o Alcorão.[1] Em vez disso, nosso foco deve estar em ajudar nossos amigos muçulmanos a entender a razão pela qual devem aceitar humildemente a Bíblia como revelação da parte de Deus e, por consequência, crer na sua mensagem.

---

1 Às vezes, pode ser difícil evitar conversas sobre as opiniões cristãs a respeito do Alcorão. Se você precisar oferecer uma resposta bem fundamentada, informações proveitosas e de fácil leitura estão disponíveis em Norman L. Geisler e Abdul Saleeb, *Answering Islam* (Grand Rapids: Baker, 2002) e Colin Chapman, *Cross and Crescent* (Downers Grove, IL.: InterVarsity, 2003).

Na maravilhosa bondade de Deus para muçulmanos e cristãos que fazem a obra de evangelização, o próprio Alcorão afirma razões suficientes para o muçulmano aceitar a Bíblia. Em vários lugares, o Alcorão afirma partes da Bíblia como revelação proveniente de Deus. Essas passagens importantes, combinadas com o fervor entre muitos muçulmanos para refutar a Bíblia, são suficientes para levar a conversa ao solo fértil do evangelho e da Bíblia.

O Alcorão afirma, por exemplo:

> Não fazem estimativa correta de Allah aqueles que dizem: "Nada enviou Allah ao homem (por meio de revelação)". Dize: "Quem, então, enviou *o Livro que Moisés trouxe? – uma luz e orientação para o homem*" (Sura 6:91 – ênfase acrescentada em todas estas citações).

> É vosso Senhor que conhece melhor todos os seres que estão nos céus e na terra. Demos a alguns profetas mais (e outros) dons do que a outros: *e demos a Davi (o dom de) os Salmos* (Sura 17:55).

> O Grande Terror não lhes trará nenhuma tristeza; mas os anjos os receberão [com saudações mútuas]: "Este é vosso Dia... [o Dia] que vos foi prometido". O Dia que enrolará os céus como um rolo enrolado para livros [completos], [...] Assim como produzimos a primeira criação, assim também produziremos uma

nova: uma promessa que fizemos, nós a cumpriremos verdadeiramente. *Antes disto, escrevemos nos Salmos, depois da Mensagem (dada a Moisés): Meus servos, os justos, herdarão a terra"* (Sura 21:103-105).

E, nos passos deles, enviamos Jesus, o filho de Maria, confirmando a Lei que veio antes dele. E lhe enviamos o evangelho, no qual havia orientação e luz e confirmação da Lei que veio antes dele: um guia e uma admoestação para aqueles que temem Allah. Que as pessoas do Evangelho julguem pelo que Allah revelou nele (Sura 5:46-47).

A primeira citação se refere a pagãos incrédulos que não creem que Deus falou. A prova apresentada no Alcorão não é o próprio Alcorão, mas *"o Livro que Moisés trouxe? – uma luz e orientação para o homem"*. Em outras palavras, a Torá e o Pentateuco, os primeiros cinco livros da Bíblia, são oferecidos como prova confiável a pagãos e a muçulmanos de que Deus enviou revelação divina. Portanto, esses livros devem ser bases aceitáveis e suficientes para discussões evangelísticas com muçulmanos.

E observe na última citação (Sura 5:47) que "as pessoas do Evangelho" são instruídas a julgar todas as coisas pelo que está escrito nos evangelhos. Seiscentos anos depois de Cristo, o Alcorão registra que até o profeta Maomé entendia e ensinava que os evangelhos eram confiáveis para se chegar à verdade. A Sura 10:94 prescreve: "Se estiveres em dúvida quanto ao que te revelamos, então, *pergunta àqueles que leram o Livro antes de ti; a verdade veio realmente a ti da parte de teu Senhor. Portanto, não sejas, de modo algum, daqueles que estão em dúvida*" (ver também 16:43; 21:7). Aqui está uma admissão do Alcorão de que a Bíblia é suficiente para questões de fé e conduta, exigindo que os muçulmanos não sejam "daqueles que estão em dúvida" quanto a este fato.

> *SE NOSSOS AMIGOS MUÇULMANOS forem coerentes com seus próprios ensinos, terão de aceitar a Torá... e os evangelhos como... revelações de Deus.*

Como se isso não fosse suficiente para estabelecer a confiabilidade da Bíblia como revelação de Deus, em todo o Alcorão os muçulmanos são ensinados de que "*não há nada que possa alterar as palavras de Deus*" (6:34; 10:64; 18:27). De acordo com o Alcorão, Allah promete cuidar da revelação e guardá-la de corrupção (15:9).

Como cristãos, sabemos que esses sentimentos acham sua expressão primeiramente na Bíblia. "Para sempre, ó Senhor, está firmada a tua palavra no céu" (Sl 119.89; ver 1Pe 1.24-25). E Jesus ensinou: "É mais fácil passar o céu e a terra do que cair um til sequer da Lei" (Lc 16.17) e: "Passará o céu e a terra, porém as minhas palavras não passarão" (Mt 24.35).

Se nossos amigos muçulmanos forem coerentes com seus próprios ensinos, terão de aceitar a Torá, os Salmos de Davi e os evangelhos como revelações incorruptas de Deus. Em nossa evangelização, o objetivo não é admitirmos que o Alcorão é revelação inspirada de Deus, mas amavelmente levarmos nossos amigos e vizinhos muçulmanos à conclusão lógica que o Alcorão exige – a Bíblia é revelação da parte de Deus, digna de confiança. Podemos ter confiança completa de que a Bíblia, lida e aplicada no poder do Espírito Santo, realizará o plano salvador de Deus.

> Porque, assim como descem a chuva e a neve dos céus e para lá não tornam, sem que primeiro reguem a terra, e a fecundem, e a façam brotar, para dar semente ao semeador e pão ao que come, assim será a palavra que sair da minha boca: não voltará para mim vazia, mas fará o que me apraz e prosperará naquilo para que a designei (Is 55.10-11).

A questão crucial que amigos muçulmanos devem considerar e na qual os cristãos devem insistir é: "O que, então, a Bíblia revela sobre Deus que devemos aceitar humildemente?"

BASE COMUM

Algumas coisas não estão em disputa entre muçulmanos e cristãos no que diz respeito a muitos dos atributos de Deus. Os mulçumanos concordam alegremente com os cristãos quanto ao fato de que Deus é soberano, onipotente, misericordioso, justo, santo, reto, benevolente e assim por diante. Ambos os grupos mantêm a crença nas perfeições morais de Deus. E ambos os grupos creem que há um único Deus.

Há pelo menos duas implicações desta concordância. Primeira, o muçulmano e o cristão têm com Deus o mesmo relacionamento de criatura e Criador. Ambos reconhecem o direito e a realidade inexpugnáveis do governo de Deus e do nosso dever, como criaturas, para com ele.

Segunda, ambos reconhecemos que toda a humanidade terá de prestar contas a Deus por sua vida na terra. E, visto que Deus é moralmente perfeito, ele julgará toda injustiça e punirá o ímpio. Podemos, então, falar um com o outro como pessoas que têm em comum uma questão vitalmente importante e solene: como alguém pode ser reconciliado com Deus e entrar em sua presença?

A resposta para essa questão está ligada inseparavelmente ao que Deus revela a respeito de sua própria natureza. Em outras palavras, a doutrina de Deus e da pessoa de Deus não podem ser divorciadas da obra de salvação. Este é o ponto em que os muçulmanos e os cristãos se dividem e onde cristãos têm de sustentar firmemente a doutrina da Trindade.

UMA ROSA POR OUTRO NOME?

Alguns anos depois de deixar o islamismo e receber a Jesus Cristo como salvador e Senhor, tive o privilégio de visitar minha cidade natal para um debate com muçulmanos locais. Os organizadores planejaram uma mesa redonda focalizada nas perguntas "Quem é Deus?" e "Como ele é?"

Com uma hora de discussão, não chegamos a lugar algum. Um dos participantes evitava continuamente discutir as diferenças entre o islamismo e o cristianismo, proclamando: "Temos o mesmo Deus. É o mesmo Deus com nomes diferentes".

Confesso. Fiquei frustrado com essa resposta superficial e inútil. Gostaria de ter sido mais paciente e mais bíblico em minha atitude, mas parece que minha resposta atingiu o ponto. Voltei-me para aquele cavalheiro a quem chamamos "Rahim" e disse "Com licença, *Tony*".

Ele olhou para mim confuso e disse: "Com licença?" Eu repeti: "Com licença, *Tony*", esperando que Rahim me respondesse.

Ele olhou para a audiência como se dissesse: "O que está acontecendo aqui?" Eu insisti, olhando diretamente para os olhos de Rahim, e pedi: "*Tony*, por favor, você poderia me passar aquela Bíblia que está na cadeira à sua frente?"

Rahim ficou frustrado e disse: "Homem, meu nome não é Tony. É *Rahim*".

Ao que eu respondi: "Se você espera ser invocado apropriadamente e conhecido pelo que é, por que acha que Deus aceita ser chamado por qualquer outro nome e ser definido por aqueles que o invocam?"

Gostaria que minha frustração não tivesse estragado meu tom de voz naquela altura. Gostaria de ter sido mais paciente e amável. Não recomendo que alguém se engaje em uma discussão dessa maneira. Em vez disso, devemos falar a verdade em amor. Às vezes, precisamos distinguir as coisas com bastante clareza para sermos entendidos – o debate prosseguiu com muito mais envolvimento a partir daquele ponto. Todavia, mesmo quando distinguimos as coisas, devemos fazer isso com amor, porque estamos representando um Deus amoroso que desejamos tornar conhecido.

Invoque o nome do Senhor

Em toda a Bíblia, invocar o nome do Senhor é sinônimo de receber a sua salvação. Vemos Abraão invocando o nome do Senhor (Gn 12.8; 13.4; 21.33), depois que o Senhor se revelou a ele (na época, Abrão), lhe fez promessas e o livrou. Posteriormente, Israel, a nação eleita de Deus no Antigo Testamento, foi "chamado pelo nome do Senhor" (Dt 28.10) por todos os povos da terra.

O salmista retrata a libertação salvadora de Deus como uma resposta à invocação do nome do Senhor: "Laços de morte me cercaram, e angústias do inferno se apoderaram de mim; caí em tribulação e tristeza. Então, invoquei o nome do Senhor: ó Senhor, livra-me a alma. Tomarei o cálice da salvação e invocarei o nome do Senhor" (Sl 116.3-4, 13).

O profeta Joel previu um dia de grande e terrível juízo, quando somente aqueles que invocassem o nome do Senhor seriam salvos (Jl 2.31-32). Os profetas Sofonias (3.8-10) e Zacarias (13.8-9) previram julgamentos semelhantes e retrataram livramento e salvação precisamente nos mesmos termos – invocar "o nome do Senhor".

Não é surpreendente que os escritores do Novo Testamento retratem a salvação como invocar o nome do Senhor. O apóstolo Pedro, no primeiro sermão registrado na igreja primitiva, cita o profeta Joel (At 2.14-21) e aplica sua mensagem diretamente à vida, crucificação e ressurreição de Jesus Cristo como "Senhor e Cristo" (At 2.21-38). Em Atos 4, Pedro argumenta que fora pelo "nome de Jesus Cristo, o Nazareno", que um coxo fora curado e que "não há salvação em nenhum outro; porque abaixo do céu não existe nenhum outro nome, dado entre os homens, pelo qual importa que sejamos salvos" (At 4.10-12). O apóstolo Paulo também cita Joel 2.32, quando escreve à igreja de Roma e diz: "Todo aquele que invocar o nome do Senhor será salvo" (Rm 10.13), igualando explicitamente o invocar o nome do Senhor à salvação do pecado e do julgamento, tanto para judeus como para gentios.

No entanto, "invocar o nome" não significa estritamente Jesus Cristo de Nazaré. Certamente inclui isso, porém inclui mais. Na Grande Comissão, o próprio Senhor Jesus Cristo encarrega seus discípulos de fazer outros discípulos, em parte, por batizá-los "em nome do Pai, e do Filho, e do Espírito Santo" (Mt 28.19). Observe que "nome" é singular neste versículo. O nome de Deus é mais plenamente Pai, Filho e Espírito Santo.

Invocar o nome de Deus é invocar toda a Divindade, a Trindade bendita, um Deus em três Pessoas.

Por que os cristãos devem apegar-se à Trindade?

Por que tudo isso é importante? Por que os cristãos devem se inquietar a respeito de Deus ser um só em três pessoas? Por que não devem focalizar apenas Jesus e evitar as dificuldades de falar sobre o mistério da Trindade? Ou por que não devem decidir-se pelo uso do vocábulo "Deus", permitindo que os ouvintes atribuam o significado que lhes for agradável?

Há várias razões. Mas acho que é importante guardar pelo menos três em mente.

Primeira, *porque devemos, em humildade, aceitar o que Deus revela a respeito de si mesmo.* Afinal de contas, somos criaturas, e ele é o criador; somos finitos, e ele é infinito. Aceitar e afirmar a Trindade como central à fé cristã equivale a dizer a Deus: "Eu creio em ti – não em outros, nem em mim mesmo – da maneira como revelaste a ti mesmo". Em poucas palavras, crer e defender a doutrina da Trindade é essencial à fé e ao testemunho cristão autêntico.

Segunda, *porque negar a Trindade é cometer idolatria.* Neste ponto, cristãos e muçulmanos chegam a diferenças irreconciliáveis. Não podemos sustentar a verdade de que Deus é um só em três pessoas e, ao mesmo tempo, aceitar a noção de que Deus é radicalmente um, sem pessoas na Divindade, como os muçulmanos creem. Isso seria aceitar uma contradição. E seria negar a revelação que Deus nos dá a respeito de si mesmo, esculpindo um ídolo com as ferramentas de nossa própria imaginação. Deus é zeloso de seu nome. Ele chama o seu povo a adorá-lo "em espírito e em verdade" (Jo 4.24). Renunciar a Trindade nos afasta da verdadeira adoração espiritual, do único Deus vivo, nos levando à idolatria.

> *SE RENUNCIAMOS A TRINDADE... negamos, em essência, o evangelho.*

Terceira, *devemos nos apegar à Trindade porque sem o Pai, o Filho e o Espírito Santo, não há possibilidade de salvação eterna.* Se renunciarmos a Trindade, enfraquecermos nossa apresentação de quem Deus realmente e, negamos, em essência, o evangelho. Cada pessoa na Divindade realiza uma parte especial em redimir pecadores do julgamento e trazê-los à vida eterna. Considere os papéis de cada um:

- *Deus, o Pai*, nos escolheu em Cristo, "antes da fundação do mundo, para sermos santos e irrepreensíveis perante ele; e em amor nos predestinou para ele, para a adoção de filhos, por meio de Jesus Cristo, segundo o beneplácito de sua vontade, para louvor da glória de sua graça, que ele nos concedeu gratuitamente no Amado" (Ef 1.4-6). Sem a eleição e a predestinação por parte do Pai, não há salvação de pecadores.

- *Deus, o Filho*, provê a nossa "redenção, pelo seu sangue, a remissão dos pecados" (Ef 1.7). Sem o sacrifício do imaculado Filho de Deus – Deus, o Filho – não haveria expiação satisfatória pelo pecado (Rm 3.21-25a) e nenhuma maneira de homens pecadores entrarem na presença de um Deus puro, justo e santo (Hb 2.17-18). "Sem derramamento de sangue, não há remissão" (Hb 9.22). O Deus-homem, Cristo Jesus, se ofereceu como o único sacrifício imaculado capaz de purificar-nos e satisfazer o Pai.

- *Deus, o Espírito Santo*, produz no pecador a maravilhosa obra do novo nascimento (Jo 3.3, 5-8). Deus, o Espírito Santo, se torna para o crente o "selo" e "o penhor da nossa herança, até ao resgate da sua propriedade, em louvor da sua glória" (Ef

1.14). O Espírito Santo nos preserva até ao dia de nossa redenção completa, quando seremos introduzidos na presença de Deus e nos satisfaremos em ver sua face (Sl 17.15).

O ÚNICO DEUS VERDADEIRO

Meu colega de debate em minha cidade natal invocava o nome de Allah. Ao invocar esse nome, ele não estava simplesmente invocando a Deus com uma linguagem diferente. Embora seja verdade que o termo "Allah" signifique "deus" e seja usado tanto por cristãos árabes como por muçulmanos, o que cada grupo *quer dizer* por esse nome não poderia ser mais radicalmente diferente. Quando o muçulmano invoca o nome de Allah, embora seja sincero, invoca um nome que não pode ouvir e não pode salvar.

A Bíblia define a vida eterna, muito claramente, como conhecer o único Deus verdadeiro e a Jesus Cristo, a quem Deus enviou (ver Jo 17.3). Quando o cristão invoca o nome do Senhor, recorre ao único nome abaixo do céu no qual a salvação pode ser achada (ver At 4.12).

Muçulmanos e cristãos concordam que Deus é santo, justo, reto e nosso juiz. Mas nossos amigos muçulmanos não entendem que o juiz santo, justo e reto não é outro senão o Pai, o Filho e o Espírito Santo. A menos que cheguem a perceber isso, entrarão na eternidade e ficarão pasmados com tristeza eterna ao se depararem com o Filho de Deus, a quem rejeitaram nesta vida.

O que é um nome? No que diz respeito às questões espirituais, tudo! Pois somente aqueles que invocarem o nome do

Senhor – e significa o Pai, o Filho e o Espírito Santo – serão salvos. Este é o nome que desejamos nossos amigos muçulmanos invoquem com fé e, assim, sejam salvos.

Meu amigo cristão, seja humilde e confiante no que o Senhor revelou a respeito de si mesmo. Deus nos falou como ele é – um único Deus em três pessoas, o Pai, o Filho e o Espírito Santo. Também nos disse que a vida eterna depende de que o conheçamos pelo que ele é. Chegamos a conhecer a Deus por meio da fé em Jesus. Agora, nos apegamos ao que já recebemos, para apresentarmos a outros o Deus trino, o único que pode dar vida.

COISAS A LEMBRAR

1. Muçulmanos e cristãos concordam amplamente quanto aos atributos básicos de Deus (santidade, justiça, etc.). Isto provê um agradável ponto de partida para discussões.

2. O ponto de vista cristão sobre a Trindade é essencial a qualquer noção de salvação do pecado e do julgamento. Aceitamos a doutrina da Trindade porque, na Bíblia, Deus se revela a nós como um único Deus em três pessoas. Visto que o islamismo é uma religião revelada, que afirma a Torá, os salmos de Davi e os evangelhos, muçulmanos intelectualmente honestos têm de aceitar a revelação da natureza trina de Deus. Não poderíamos conhecê-lo se ele não se revelasse a nós em sua Palavra. Confie que Deus é o que ele diz ser.

CAPÍTULO 2

O Pecado Do Homem:
Repousando Levemente Na Consciência Muçulmana

Às vezes minha família tenta me surpreender. Mas, geralmente, sou capaz de estragar as surpresas antes dos presentes serem dados... ou posso fingir que não me importo quando não adivinho de antemão.

É um mau hábito, realmente. Eu não o recomendaria. Frustra a minha esposa quando chega o momento de dar o presente. Minha filha mais nova tem assumido um pouco dessa tendência. Temo que ela perca muito da maravilha que há na vida porque seu pai é um tanto ranzinza.

Às vezes, no entanto, sou surpreendido pelo inesperado – como aconteceu em dois debates recentes com apologistas muçulmanos. Em ambas as ocasiões, um inquiridor levantou uma pergunta sobre a criação do homem e a existência do pecado. E, em ambas as ocasiões, fiquei boquiaberto com a resposta que meus oponentes muçulmanos deram à pergunta.

No primeiro debate, o apologista muçulmano afirmou que os cristãos não entendem o relato de Gênesis sobre a criação de Adão e Eva. Ele insistiu em que Adão – e, por consequência, nenhum profeta de Deus – jamais pecou. "Eles cometeram alguns erros", ele admitiu, "mas os profetas são livres de pecado".

Até mesmo metade do auditório, predominantemente muçulmano, inclinou as costas em admiração.

No segundo debate, o jovem muçulmano se embaraçava enquanto explicava que Deus não exige perfeição de nós porque nos fez com um defeito sério. De novo, um silêncio meditativo tomou conta do auditório enquanto ponderavam nas implicações desta afirmação. Pedi esclarecimento: "Você está dizendo que Deus nos fez pecadores?"

De novo, o embaraço. "Estou dizendo", ele replicou, "que é injusto da parte de Deus fazer-nos desta maneira e esperar perfeição de nós. Portanto, Deus não espera perfeição de pessoas que ele fez desta maneira".

REPOUSANDO LEVEMENTE NA CONSCIÊNCIA MUÇULMANA

A reposta dos dois palestrantes muçulmanos revela diferenças significativas entre muçulmanos e cristãos em seu ponto de vista sobre a humanidade. Embora muçulmanos e cristãos concordem que o homem é um ser criado, que deve adoração e obediência a Deus, eles diferem, de várias maneiras, em seu

O pecado do homem:
repousando levemente na consciência muçulmana

ponto de vista sobre o homem e o pecado. A fim de comunicar o evangelho e a necessidade de aceitar o Salvador, os cristãos precisam entender essas diferenças.

Aqui estão quatro perguntas sobre a humanidade que um cristão e um muçulmano responderiam de maneira diferente.

As pessoas são criadas à imagem e semelhança de Deus?

Os cristãos creem que Deus criou a humanidade à sua própria imagem e semelhança (Gn 1.26-27). Consequentemente, a humanidade reflete algo da glória de Deus de modo singular. A humanidade – tanto homens quanto mulheres – forma o clímax da criação de Deus, e é dotada de capacidades que a separa do resto da criação. Ser feito à imagem de Deus investe o homem de imensurável dignidade, provendo a base para a ética social que inclui desde o nosso falar uns com os outros (Tg 3.10-11) até a proibição de assassinato e o uso de sentenças de morte judiciais (Gn 9.5-6).

Os muçulmanos rejeitam a ideia de que o homem é criado à imagem e semelhança de Deus. O islamismo ensina que Allah é totalmente distinto de sua criação. Nada na criação compartilha a glória ou a semelhança de Allah. E, contrastando a ideia de ser achado "bom" nesta criação, o Alcorão ensina que o homem foi feito com uma fraqueza (Sura 4:28).

Onde se origina o pecado?

Muçulmanos e cristãos também diferem quanto à origem e ao significado do pecado. A Bíblia ensina que Adão, representando toda a humanidade, cometeu o primeiro pecado quando transgrediu o mandamento de Deus sobre não comer da árvore do conhecimento do bem e do mal (Gn 2.16-17; 3). Quando Adão cometeu aquele pecado, toda a humanidade caiu com ele. "Assim como por um só homem entrou o pecado no mundo, e pelo pecado, a morte, assim também a morte passou a todos os homens, porque todos pecaram" (Rm 5.12). A Bíblia prossegue e diz que, por consequência, "veio o juízo sobre todos os homens para condenação" e "pela desobediência de um só homem, muitos se tornaram pecadores" (Rm 5.18-19).

A desobediência de Adão produziu várias consequências trágicas. Primeiramente, o pecado introduziu a morte no mundo como a penalidade pela transgressão. Em segundo, o ato de Adão mergulhou consigo toda a humanidade no pecado e na condenação de Deus sobre todos os homens. Em terceiro, o pecado de Adão corrompeu profundamente a natureza da humanidade, de modo que o homem não somente peca, mas também é um pecador. De fato, o homem não é um pecador por causa de seus pecados; o homem peca porque, em seu âmago, é um pecador. O pecado não é apenas o que fazemos, é o que somos. E, por esta razão, a Bíblia ensina que o homem é escravo do pecado (Rm 6.6, 15-20; 7.25).

Mas o ponto de vista islâmico é bem diferente. O relato muçulmano da criação não inclui qualquer ênfase significativa quanto ao pecado de Adão ou quanto à queda da humanidade no pecado. Não é dito que Adão pecou contra Deus, e sim

O pecado do homem:
repousando levemente na consciência muçulmana

que ele cometeu um erro ético. Os muçulmanos consideram injusta a ideia de que o pecado de uma pessoa seja, de alguma maneira, atribuído a outra. O Alcorão ensina que "a responsabilidade de uma alma não pode ser transferida a outra" (Sura 6:164; 17:15; 35:18; 53:38).

Portanto, os muçulmanos negam o pecado original. A maioria deles define o pecado apenas como desobedecer à vontade de Allah. Essa desobediência vem da fraqueza e ignorância do homem, mas não de uma corrupção em sua natureza. Embora os eruditos muçulmanos discordem sobre como definir as categorias, os muçulmanos creem realmente em pecados maiores e menores.

O PECADO OFENDE A DEUS?

Outro aspecto em que cristãos e muçulmanos diferem é em seu entendimento sobre o objeto do pecado. Contra quem pecamos? Chawkat Moucarry resume proveitosamente o entendimento islâmico quando escreve: "O islamismo ensina que nossos pecados não podem ofender nosso Criador, que permanece muito acima de nós para ser diretamente inquietado por nossa desobediência".[1] O Alcorão sustenta que o pecador "faz mal a si mesmo" (Sura 6:51).

A Bíblia, entretanto, ensina que nosso pecado é contra o próprio Deus. Em nosso pecado e natureza pecaminosa, demonstramos hostilidade a Deus, provando que somos ini-

---

1 Chawkat Moucarry, *The Prophet and the Messiah: An Arab Christian's Perspective on Islam and Christianity* (Downers Grove, IL: InterVarsity, 2001), 99.

migos alienados de Deus (Rm 5.10; Cl 1.21). Nosso pecado afronta pessoalmente a Deus. O rei Davi disse após seu adultério com Bate-Seba: "Pequei contra ti, contra ti somente, e fiz o que é mau perante os teus olhos" (Sl 51.4). Em vez de ser insensivelmente não incomodado pelo pecado, Deus se entristece por ele (Gn 6.5-6). E, em sua justiça, Deus promete que não deixará o pecado sem punição (Êx 34.7), nem mesmo pecados *não intencionais* (Lv 4).

Quão sério é o nosso pecado?

Em face do que já abordamos, não devemos nos surpreender pelo pecado ser significativamente menos sério no ponto de vista muçulmano do que no ponto de vista cristão. O pecado repousa levemente na consciência muçulmana porque os muçulmanos veem o pecado primariamente como fraqueza e não como iniquidade, como transgressão geral e não como traição ímpia, não admitindo como o pecado desonra a Deus exatamente porque ocorre em e por aqueles que Deus criou à sua imagem. O pecado é uma ofensa tão horrorosa contra Deus que a única coisa que pode mitigar sua ira santa para conosco é o sacrifício de seu único filho (Rm 3.25).

Isto significa que uma das tarefas primárias que os cristãos têm ao compartilhar o evangelho é demonstrar a seriedade do pecado para todas as pessoas.

Tornando-me consciente de meu pecado

Em minha própria conversão, o Senhor usou uma conversa

O pecado do homem:
repousando levemente na consciência muçulmana

informal no escritório para me despertar quanto ao meu pecado. Um grupo de colegas e eu discutíamos sobre quem, entre várias pessoas, merecia nosso respeito e admiração. A maioria de meus colegas listou grandes personalidades como Mahatma Gandhi e Martin Luther King Jr.

Uma colega, amiga de faculdade, me surpreendeu quando disse com toda a seriedade: "Não posso pensar em ninguém que respeito mais do que Thabiti". Certamente ela estava brincando e talvez me bajulando pecaminosamente. Eu protestei com um aceno de mão negativo e perguntei quem ela realmente admirava. Ela insistiu no fato de que eu era mais justo do que qualquer outra pessoa que ela conhecia.

A palavra "justo" caiu em meu coração vazio, retinindo e ecoando nos recessos de minha alma. Reconheci instantaneamente que não era justo. Ela me apreciava por não viver uma vida mundana e tratar bem minha esposa, o que era verdadeiro. Mas eu conhecia meus próprios pensamentos, meus desejos lascivos, os ódios que envenenavam meu coração. Sabia, de modo inconfundível, que "justo" não era uma posição que eu tinha diante de Deus. O problema de meu pecado e injustiça me abateu pela primeira vez naquele dia. Meu pecado era um problema. Minha falta de justiça era um problema. Com essa consciência, comecei a compreender que precisava de uma solução para meu pecado.

É maravilhoso como o Senhor usa conversas passageiras para causar um impacto duradouro. Uma conversa simples sobre homens e mulheres "bons" atingiu a minha consciência.

Possuindo "Todas as respostas corretas"

Frequentemente, os cristãos colocam pressão sobre si mesmos para terem "todas as respostas corretas" e dizerem "apenas a coisa certa". Penso que esse tipo de pressão é uma mistura entre desejo santo para ajudar os outros e grave falta de fé na capacidade de Deus para usar o que *sabemos* para ministrar aos outros. Consequentemente, muitos cristãos nunca começam a alcançar seus vizinhos e amigos muçulmanos. Duvidamos de nossa habilidade e de que Deus possa nos usar.

Podemos falhar em compreender que a convicção de pecado é obra de Deus (Jo 16.8). Ele se agrada em usar pessoas como você e eu. Mas, em última instância, o Espírito Santo assume a responsabilidade de tornar as pessoas conscientes do pecado e de sua hediondez. Tudo que precisamos fazer é sermos fiéis, levantando o assunto de justiça e pecado, e discutindo a questão aberta e honestamente. Às vezes, uma pergunta básica como "O que os muçulmanos pensam sobre pecado e julgamento?" pode abrir as portas. Em outras ocasiões, descrever verdadeira virtude em outros pode expor a corrupção do coração de uma pessoa.

Por meio das Escrituras, sabemos mais a respeito dos muçulmanos e de todos os não cristãos do que eles sabem a respeito de si mesmos. Por exemplo, sabemos que "a ira de Deus se revela do céu contra toda impiedade e perversão dos homens que detêm a verdade pela injustiça; porquanto o que de Deus se pode conhecer é manifesto entre eles, porque Deus lhes manifestou" (Rm 1.18-19). Em outras palavras, Deus nos diz que os homens "detêm a verdade" de Deus pela impiedade. Eles sabem realmente a

O pecado do homem:
repousando levemente na consciência muçulmana

verdade de sua impiedade e injustiça, querendo, de fato, suprimi-la. Nossa tarefa consiste em erguer as mãos supressivas, para que as coisas que eles sabem sejam trazidas à realidade.[2]

Portanto, na evangelização de nossos amigos muçulmanos, devemos extrair o conhecimento que Deus já colocou no coração deles a respeito do pecado, da injustiça, de Deus mesmo e do julgamento.

Fomentando urgência quanto ao perigo do pecado

Uma coisa que temos de fazer ao compartilhar o evangelho com nossos amigos muçulmanos é chamá-los a reagir urgentemente ao perigo e à corrupção do pecado. Enquanto continuarem a crer que Allah não é afrontado pelo pecado, não terão a motivação para arrependerem-se e confessarem. Os muçulmanos precisam ver que a Bíblia define o pecado como rebelião contra Deus, o que incorre na ira de Deus.

John Piper expressa algo sobre a tremenda urgência associada ao nosso pecado, a ira de Deus contra o pecado e o perigo da condenação eterna. Este deve ser nosso sentimento quando compartilhamos as gloriosas boas-novas do evangelho com nossos amigos muçulmanos:

> Eu devo *sentir* a verdade sobre o inferno – que ele existe, é terrível e horrível, além do que possamos imaginar, para sempre e sempre. "Irão estes para o castigo eterno" (Mt 25.46). Ainda que eu entendesse o "lago de fogo"

---

2 J. Budziszewski, *The Revenge of Conscience* (Dallas: Spence Publishing, 2004).

(Ap 20.15) ou a "fornalha acessa" (Mt 13.42) como um símbolo, seria confrontado com o terrível pensamento de que símbolos não são afirmações exageradas, e sim afirmações brandas, da realidade. Jesus não escolheu estas figuras para nos dizer que o inferno é mais tranquilo do que o ardor do fogo. Devo *sentir* a verdade de que, se antes eu estava tão próximo do inferno quanto estou da cadeira na qual me sento – até mais próximo... suas visões eram as minhas visões. Eu era filho do inferno (Mt 23.15), um filho do Diabo (Jo 8.44) e filho da ira (Ef 2.3). Eu pertencia à raça de víboras (Mt 3.7), estava sem esperança e sem Deus (Ef 2.12). Devo crer que, assim como um alpinista que, havendo escorregado, está pendurado pelos dedos sobre um abismo mortal, também antes eu estava pendurado sobre o inferno e a apenas uma batida de coração do tormento eterno. Digo-o lentamente: tormento eterno! Devo *sentir* a verdade de que a ira de Deus permanecia sobre a minha cabeça (Jo 3.36). A face de Deus estava contra mim (Sl 34.16); ele me odiava em meus pecados (Sl 5.5). A maldição e a ira de Deus eram a minha porção (Gl 3.10). O inferno não foi imposto a Deus por Satanás. Era o plano e a designação de Deus para pessoas como eu (Mt 25.41). Devo *sentir* em meu coração que toda a justiça do universo estava do lado de Deus e contra mim. Eu era totalmente corrompido e culpado, e Deus foi perfeitamente justo em sua sentença (Sl 51.4; Rm 3.4).[3]

---

3 John Piper, *Brothers, We Are Not Professionals:* (Nashville: Broadman and Holman, 2002), 114-15.

O pecado do homem:
repousando levemente na consciência muçulmana

Você sente a verdade e os horrores do inferno quando pensa em compartilhar com os outros as boas-novas da salvação de Deus? Quão frequentemente você pensa na realidade de que antes era filho do inferno, destinado à ira de Deus? Até um versículo popular como João 3.16 – agora amplamente sentimentalizado pelas opiniões superficiais sobre o amor de Deus – fala de uma condenação já pronunciada, sob a qual todo o mundo está por causa do pecado.

O horror e a certeza do pecado devem nos afligir e motivar a compartilhar a verdade sobre o pecado e sua abominação com nossos amigos muçulmanos, os quais pensam brandamente sobre o pecado e suas consequências. Concordo com John Piper quando ele escreve: "Se eu não creio em meu coração nestas verdades terríveis – se não creio nelas de modo que sejam reais em meus sentimentos – então, o bendito amor de Deus em Cristo não brilhará de modo algum".[4]

Esclarecendo a verdade

Nabil conta a história de sua conversão de um contexto muçulmano à fé em Jesus Cristo.[5] Muitas conversas significativas precederam sua conversão, mas uma discussão com seu amigo Henry foi crucial. Nabil era fascinado pelas palavras de Jesus registradas em Mateus 9.12-13: "Os sãos não precisam de médico, e sim os doentes. Ide, porém, e aprendei o que significa:

---

4 Ibid., 115.
5 "Nabil" é um nome fictício usado para proteger um convertido muçulmano. Ele é assunto da biografia escrita por David Zeidan, *The Fifth Pillar* (Carlisle, UK: Piquant, 2000), 78.

Misericórdia quero e não holocaustos; pois não vim chamar justos, e sim pecadores".

Nabil perguntou a Henry se Jesus se interessava apenas pelos doentes. Henry, ciente de que o verdadeiro problema de Nabil era o pecado, esclareceu enfaticamente o ensino das palavras de Jesus. "Todos somos doentes de pecado. Se você acha que, pelo fato de que guarda algumas regras religiosas, não é um pecador, está enganado".[6] Nabil viu rapidamente a seriedade de seu pecado e sua necessidade de um Salvador.

Sou grato pela sabedoria e prudência de Henry. Nabil estava em perigo de não entender o verdadeiro ensino das palavras de Jesus. Mas Henry lançou mão da oportunidade para tornar o pecado inescapável para ele. Arriscou ser visto como desagradável e judicioso para demonstrar amor abundante a Nabil, e foi capaz de lhe dizer que ele era um pecador. Nenhuma medida de religiosidade e de performance exterior teria mudado isso.

Dois amigos cristãos e eu sentamos num círculo com um grupo de seis ou sete jovens muçulmanos de contextos árabes e indianos. A conversa começou agradavelmente. Nós nos reunimos com a esperança de apenas cultivar alguma amizade. Mas, acabados os prazeres das apresentações, nossos amigos muçulmanos entraram numa forma de debate. Depois de vacilar um pouco e tentar achar maneiras de manter a conversa mais agradável, comecei a falar sobre a necessidade de aceitar o sacrifício de Jesus como expiação do pecado.

---

6 Zeidan, *The Fifth Pillar*, 78.

O pecado do homem:
repousando levemente na consciência muçulmana

> **UM JOVEM** *que estivera sentado e quieto durante todo o tempo se levantou, com admiração estampada na face.*

Dois dos cavalheiros continuaram a desafiar-nos. Cansado e mais do que um pouco frustrado, continuei a insistir no fato de que todos éramos pecadores em perigo do inferno e do juízo de Deus. Depois de algumas réplicas, um jovem que estivera sentado e quieto durante todo o tempo se levantou, com admiração estampada na face. "Espere um momento", ele retrucou, "você está dizendo que podemos estar indo para o inferno?"

"Sim", eu respondi.

"Você percebe que somos árabes? Eu sou um árabe muçulmano".

Com muito mais clareza e ternura do que eu poderia reunir, disse: "Árabes muçulmanos não estão isentos do inferno. Seus pecados o condenam diante de um Deus santo".

Penso que aquela foi a primeira vez que alguém lhe disse tal coisa ou que ele entendeu quão sério é o pecado na perspectiva de Deus. Até aquele momento, acho que ele pensava que o inferno era um problema para não muçulmanos e não árabes. Ele precisava que insistíssemos naquela verdade.

Pelo que sei, ele não se arrependeu e creu naquele dia. Mas oro para que, pela graça de Deus, o arado do evangelho escave o solo do seu coração e que Deus plante a semente incorruptível que o levará ao novo nascimento.

Enquanto o pecado for um problema não árabe e não muçulmano para alguns de nossos amigos, eles verão a vida com insipidez letárgica. Eles precisam ser acordados para compreenderem os verdadeiros horrores do pecado, da ira, do julgamento e do tormento eterno. Somente assim compreenderão quão necessária e admirável é a graça de Deus em Jesus Cristo.

COISAS A LEMBRAR

1. O pecado é mais do que um "engano" ou uma "fraqueza". É uma rebelião pessoal contra Deus, pela qual o muçulmano é responsável a Deus. Todos aqueles que morrem em seus pecados, não havendo se arrependido e buscado o perdão pela fé em Cristo, serão condenados eternamente. Lembre-se de lamentar pelos horrores do pecado e do julgamento de Deus.

2. Em discussões evangelísticas, faça do pecado uma questão pessoal e não somente uma "ideia acadêmica". Insista no assunto do pecado e da culpa de maneira graciosa e clara. Enfatize, com graça e clareza, a verdade bíblica sobre o pecado e a culpa.

CAPÍTULO 3

Jesus Cristo:
Plenamente Deus e Plenamente Homem

Testemunhar nem sempre é fácil. Se alguma vez você tentou ser fiel em compartilhar as boas-novas de Cristo com outros, sem dúvida alguma já teve iniciativas malsucedidas e tropeços. Eu não sou uma exceção.

No ano 2000, o Senhor levou minha família para a área de Washington D.C. Ficamos animados com a expectativa de viver em uma nova cidade, e vimos a mudança como uma oportunidade de levar o evangelho a vizinhos e amigos novos. Em particular, eu visualizei centenas de oportunidades para falar de Jesus às pessoas nas viagens de metrô, indo e voltando da cidade cada dia.

No entanto, uma realidade diferente me aguardava! Acontece que travar conversa com a maioria das pessoas no metrô é uma verdadeira dificuldade. As pessoas olham para você com uma aparência de ofendidas, como se dissessem: "Você não é daqui, é? Não fazemos isso".

Portanto, passado algum tempo, como é comum aos usuários de metrô, caí na rotina de ler enquanto estava no trem. Todavia, mantive uma atitude particular de ser amigável para com aqueles passageiros esporádicos que pensavam ser obrigação conversar com os outros no trem.

Certa manhã, durante meus 45 minutos de viagem diária, notei que um muçulmano esperava pelo trem. Embora estivesse a alguma distância de mim na plataforma, entramos no mesmo vagão. Com o canto do olho, eu o vi dirigindo-se a mim quando me sentei para ler a Bíblia. Eu não estava com a disposição mental apropriada para me ocupar com alguém – estava no espírito característico de usuário de metrô. Além disso, disse a mim mesmo, *não tive tempo de terminar minha hora silenciosa com Deus nesta manhã*. Queria apenas ler a Bíblia.

Imagine meu desconforto quando, num vagão de metrô completamente vazio, aquele homem sentou bem ao meu lado! Evidentemente, ele não era dali!

Pela providência de Deus, a genealogia de Jesus, no evangelho de Mateus, era a minha leitura daquela manhã. O amigo muçulmano espiou e perguntou: "O que você está lendo?"

"A Bíblia", eu respondi, silenciosamente esperando que a conversa terminasse naquele ponto.

"Você é um estudante de religião comparativa?", ele perguntou.

Tendo ouvido essa pergunta centenas de vezes, sabia o que viria. *Bem*, disse para mim mesmo, *prepare-se*! Eu podia ouvir aquele famoso locutor de boxe elevando o tom de voz: "*Que a luta comece!*"

Mas eu respondi tranquilamente: "Não, eu sou um cristão".

"Que parte da Bíblia você está lendo?", ele perguntou.

"Mateus 1", eu lhe disse.

Ele fez alguns comentários e depois perguntou: "Você se importa se eu der uma olhada em sua Bíblia". Eu concordei relutantemente.

> *EU ESTAVA COMPLETAMENTE despreparado para um jogo frenético de pingue-pongue bíblico no metrô de Washington.*

Nos trinta a quarenta minutos seguintes, meu novo companheiro de viagem muçulmano protestou que o evangelho de Mateus e o relato de Lucas estavam cheios de contradições sobre Jesus. Ele então passou a falar sobre o fato de que Jesus era chamado filho de Deus da mesma maneira como o eram Adão, Israel e outros.

"Portanto", ele concluiu com ar de triunfo, "o título 'Filho de Deus' não significa realmente o que vocês pensam que significa".

Sinceramente, eu estava despreparado para um jogo frenético de pingue-pongue bíblico no metrô de Washington às 7h45min da manhã! Honestamente, eu não estava preparado para qualquer coisa social às 7h45min! Quase não falei durante a conversa. E as poucas palavras que disse foram fracas e não convincentes. Verdade seja dita: ele me venceu naquela manhã durante a viagem de metrô para a cidade.

O QUE REALMENTE IMPORTA

Tipicamente, se estamos pensando em vencer ou perder debates com nossos vizinhos muçulmanos, já perdemos de vista o que realmente importa. Não estamos engajados em uma luta onde pontos possam ser marcados, dados de ganho e perda possam ser calculados e o vencedor ganhe os ritos de coroação.

Quando Jesus perguntou a seus discípulos: "Mas vós... quem dizeis que eu sou?" (Mt 16.15), não estava fazendo uma pergunta interessante, embora sem significado. Estava fazendo uma pergunta que dividia e determinava a eternidade para cada pessoa. Se passaremos a eternidade no céu ou em agonia no inferno sofrendo a ira de Deus, isso depende de como respondemos a essa pergunta.

Quando compartilhamos o evangelho com amigos e vizinhos muçulmanos, é proveitoso deixarmos claro que Jesus não é um assunto de especulação leviana e impessoal ou de combate intelectual. Jesus é um assunto de vida ou morte eterna.

CHEGANDO A JESUS

Muitos livros sobre evangelização ajudam os cristãos a aprender maneiras de elevar conversas comuns com amigos a assuntos espirituais e ao tema de Jesus.[1] Mas eu não tenho

---

[1] Diversos livros foram escritos em anos recentes sobre este tema. Os que desejam estudo posterior talvez se interessem em dois livros escritos por Randy Newman: *Questioning Evangelism: Engaging People's Hearts the Way Jesus Did* (Grand Rapids: Kregel, 2004) e *Corner Conversations: Engaging Dialogues about God and Life* (Grand Rapids: Kregel, 2006). O livro de Mack Stiles *Speaking of Jesus: How to Tell Your Friends the Best News They Will Ever Hear* (Downers Grove, IL.: Inter-Varsity, 1995), também vale a pena de ser lido, bem como o livro de Mark Dever *O Evangelho e a Evangelização* (São José dos Campos, SP: Fiel, 2011).

tido nenhuma dificuldade em chegar ao tema de Jesus nas conversas com homens e mulheres muçulmanos. Em quase todos os casos, é o muçulmano quem suscita o tema! Chegar a Jesus nunca poderia ser mais fácil na evangelização.

No entanto, uma vez que Jesus seja introduzido na conversa, é importante que os cristãos sejam capazes de explicar o ensino da Bíblia sobre quem é Jesus e o que ele fez. No capítulo seguinte, consideraremos a pergunta "O que Jesus fez?" Neste capítulo, consideraremos a pergunta "Quem é Jesus?" e qual a importância disso em nossa evangelização.

Quem é Jesus?

O fato de que muitas pessoas não saibam como responder essa pergunta não deve nos surpreender. Nos dias de Jesus, teorias rivais sobre sua identidade circulavam entre as pessoas. Quando Jesus perguntou aos seus discípulos o que as pessoas pensavam a respeito dele, os discípulos responderam: "Uns dizem: João Batista; outros: Elias; e outros: Jeremias ou algum dos profetas" (Mt 16.14).

No entanto, Jesus insistiu na pergunta a seus próprios discípulos, não permitindo qualquer engano quanto ao assunto. Pedro respondeu: "Tu és o Cristo, o Filho do Deus vivo" (v. 16). A resposta de Pedro tem sido, desde os dias de Jesus, a mais clara e mais simples solução para a pergunta "Quem é Jesus?" Ele é o Messias, o Filho de Deus.

Deus mesmo deu testemunho deste fato no batismo de Jesus quando disse: "Este é o meu Filho amado, em quem me comprazo" (Mt 3.17). Os apóstolos, testemunhas oculares da vida e ministério de Jesus e mensageiros de Cristo, testificaram que Jesus é o Filho de Deus em suas cartas às igrejas primitivas (por exemplo, Rm 1.1-5, Hb 1.1-3 e 1Jo 5.10-13). E, da maneira mais forte possível, Jesus confirmou a confissão de Pedro de que ele era o Filho do Deus vivo ao dizer: "Bem-aventurado és, Simão Barjonas, porque não foi carne e sangue que to revelaram, mas meu Pai, que está nos céus" (Mt 16.17). Em outras palavras, Jesus não refutou a afirmação de Pedro, mas ressaltou o fato de que a confissão de Pedro ocorrera por revelação da parte de Deus, o Pai. A afirmação de Pedro era tão verdadeira, que só poderia ser conhecida por um ato sobrenatural de revelação.

O QUE SIGNIFICA SER "FILHO DE DEUS"?

É comum apologetas muçulmanos admitirem que Jesus é o "filho de Deus". Mas, ao admitir isso, eles não pretendem sugerir que Jesus é Deus, o Filho. Pelo contrário, eles afirmam que "filho de Deus" é usado a respeito de várias pessoas e até de toda a nação de Israel. Por isso, concluem, não há razão para inferirmos deidade a partir desse título. Esse foi o argumento que meu companheiro de metrô quis enfatizar em nossa viagem.

É claro que a Bíblia usa realmente as palavras "filho de Deus" para se referir a pessoas além de Jesus. Por exemplo, Adão é chamado "filho de Deus" (Lc 3.38). Salmos 82.6 retrata Deus se referindo a um grupo de pessoas anônimas como "filhos do Altíssimo" e dizendo-lhes: "Sois deuses", antes de executar julgamento contra elas. Em Oseias 11.1, toda a nação de Israel é chamada "menino" e "filho" de Deus. E todos os cristãos são mencionados como filhos de Deus (Rm 8.14, Gl 3.26).

No entanto, a Bíblia usa o título "Filho de Deus" de uma maneira singular quando se refere a Jesus. Jesus é o "Filho unigênito" ou o "único Filho de Deus". Ele não é o Filho de Deus por causa da encarnação ou apenas por uma questão de título. Ele sempre foi e sempre será, eternamente, o Filho de Deus em pessoa. Por isso, Jesus orou: "Glorifica a teu Filho, para que o Filho te glorifique a ti... agora, glorifica-me, ó Pai, contigo mesmo, com a glória que eu tive junto de ti, antes que houvesse mundo" (Jo 17.1, 5). Desde a eternidade, Jesus compartilhava da glória do Pai como seu único filho amado.

E o que podemos dizer sobre as outras referências a pessoas e grupos de pessoas chamadas "filhos de Deus"? Essas referências apontam, como referências veladas, para a vinda de Jesus, o único Filho de Deus – Deus, o Filho. Adão "prefigurava aquele que havia de vir" (Rm 5.14). Os "deuses" ou juízes do Salmo 82 são substituídos por Jesus, o juiz em quem não há nenhuma corrupção (Jo 5.26-30). E a nação de Israel, como filho de Deus chamado para fora do Egito, prefigura o verdadeiro filho de Deus que cumpre até o padrão do êxodo de Israel em sua própria descida ao Egito (Mt 2.13-15). Jesus Cristo é o verdadeiro Filho, que agrada o Pai nos aspectos em que todos os outros "filhos" fracassaram. Adão introduziu o pecado no mundo; Israel se voltava continuamente de Deus para os ídolos; mas Jesus entrou na história humana como o verdadeiro Filho de Deus e fez tudo que o Pai ordenou.

Quando a Bíblia se refere a Jesus como "o Filho de Deus", devemos reconhecer a absoluta singularidade de Jesus. Em Jesus habita toda a plenitude da Divindade (Cl 1.19). Jesus é "a imagem do Deus invisível", "o resplendor da glória e a expressão exata do seu ser" (Cl 1.15; Hb 1.3), o criador e sustentador da criação (Jo 1.1-3; Cl 1.16). Isto é o que pretendemos dizer quando afirmamos "Jesus é o Filho de Deus". Ele é Deus, o Filho.

Jesus é apenas Deus, mas não homem?

Como acontece a respeito da Trindade, as discussões sobre a divindade de Cristo podem parecer muito abstratas e desnecessariamente complexas. De fato, muitos muçulmanos apelam à complexidade do cristianismo como seu principal argumento contra a Trindade e a divindade de Cristo. Certo rapaz me perguntou em um diálogo cristão-muçulmano: "Não seria muito mais simples dizer que Deus é um e que Jesus era apenas um homem e mensageiro?"

É claro que seria mais simples. Mas não seria verdadeiro e não seria o evangelho. A eficácia do evangelho está na plena deidade e na plena humanidade de Cristo.

O escritor da Epístola aos Hebreus formulou o mais sucinto argumento em favor da plena humanidade de Jesus.

> Visto, pois, que os filhos têm participação comum de carne e sangue, destes também ele, igualmente, participou, para que, por sua morte, destruísse aquele que tem o poder da morte, a saber, o diabo, e livrasse todos que, pelo pavor da morte, estavam sujeitos à escravidão por toda a vida. Pois ele, evidentemente, não socorre anjos, mas socorre a descendência de Abraão. Por isso mesmo, convinha que, em todas as coisas, se tornasse semelhante aos irmãos, para ser misericordioso e fiel sumo sacerdote nas coisas referentes a Deus e para fazer propiciação pelos pecados do povo (Hb 2.14-17).

Tendo em mente que o autor de Hebreus começou a epístola afirmando que Jesus é "o resplendor da glória e a expressão exata do seu ser" (Hb 1.3), é interessante que agora ele enfatize a plena humanidade de Jesus. Visto que Jesus se ofereceu como nosso substituto, era necessário que sua vida fosse realmente humana, porque a humanidade devia a penalidade do pecado a Deus. Por isso Jesus assumiu a nossa humanidade, para destruir a obra de Satanás em nossa vida e libertar-nos. Ele teve de ser como nós em cada aspecto, para que servisse como nosso fiel sumo sacerdote e fizesse propiciação por nossos pecados. E, de fato, Jesus se tornou nosso sumo sacerdote, capaz de simpatizar conosco, porque levava a nossa humanidade e foi tentado em todas as coisas como nós, mas sem pecar (Hb 4.15).

Visto que a humanidade transgrediu os mandamentos de Deus ao pecar, a humanidade precisava sofrer a penalidade do pecado. Por isso, era necessário que Jesus fosse plenamente humano, perfeitamente humano, para que satisfizesse a justiça de Deus. "Há um só Deus e um só Mediador entre Deus e os homens, Cristo Jesus, homem" (1Tm 2.5).

A verdade é que a nossa salvação descansa tanto na plena deidade como na plena humanidade de Jesus Cristo, o Filho de Deus.

C. S. Lewis e nossos amigos muçulmanos

Diferentemente dos Estados Unidos, a Grand Cayman, onde eu moro, não tem uma população muçulmana considerável. A maioria das pessoas aqui não tem interação real com mulçumanos ou exposição ao islamismo. Isso está mudando à medida que a comunidade muçulmana cresce. Mas ainda assim, conversar com um muçulmano é um evento raro aqui.

Então, você pode entender a surpresa da comunidade ao aprender que os muçulmanos não creem que Jesus é o Filho de Deus. Para muitas pessoas da Grand Cayman, um recente programa de rádio proveu a chamada de despertamento.

O âncora do programa diário de conversa ao vivo no rádio ligou para perguntar se eu falaria com um inquiridor muçulmano que telefonava com regularidade para compartilhar suas opiniões. Depois de alguma conversa, concordei alegremente.

Embora o âncora do programa quisesse ter uma discussão introdutória sobre as crenças e diferenças básicas do islamismo e do cristianismo, a ligação telefônica logo ficou tensa, quando meu interlocutor afirmou que Jesus não era Deus, mas apenas um profeta. Ele estava afirmando uma posição básica do islamismo, pois os muçulmanos procuram impedir que Allah seja associado a quaisquer parceiros. Mas essa oposição clara surpreendeu muitos ouvintes.

Os muçulmanos argumentam que honram a Jesus como um grande profeta que realizou milagres. Mas, em resposta, os cristãos precisam perguntar aos muçulmanos devotos: "Se Jesus é um profeta que falou as próprias palavras de Deus, com milagres, como podem os muçulmanos negar o que ele ensinou a respeito de si mesmo?"

O agora famoso argumento de C. S. Lewis – Jesus é mentiroso, lunático ou Senhor – torna a afirmação muçulmana de honrar a Jesus totalmente inexequível. C. S. Lewis escreveu:

> Estou tentando impedir que alguém diga a tolice que pessoas dizem frequentemente sobre Jesus: "Estou disposto a aceitar Jesus como um grande mestre de moral, mas não aceito sua afirmação de ser Deus." Essa é a única coisa que não devemos dizer. Um homem que dissesse o tipo de coisas que Jesus disse não seria um grande mestre de moral. Ou seria um lunático – no mesmo nível de alguém que dissesse ser um ovo cozido – ou seria o Diabo do inferno. Você tem de fazer sua escolha. Ou este homem era, e é, o Filho de Deus, ou ele é um louco ou algo pior. Você pode calá-lo por julgá-lo um louco, pode cuspir nele e matá-lo como um

demônio; ou pode cair aos pés dele e chamá-lo Senhor e Deus. Mas ninguém venha com a condescendente tolice de que ele era um grande mestre humano. Ele não nos deixou essa opção. Nem tencionava deixá-la.[2]

Aceitar a Jesus "como um grande mestre de moral" ou como um profeta, como fazem os muçulmanos, e depois rejeitar sua profecia e ensino, não é uma posição honesta que alguém deve adotar. Jesus não nos deixou essa opção. A tarefa cristã de evangelizar consiste em tornar a perfeita divindade e humanidade de Cristo uma realidade inevitável para os nossos amigos muçulmanos. "Quem é Jesus?" é a pergunta mais importante que já se fez. A resposta correta é ainda mais crucial.

COISAS A LEMBRAR

1. Assegure-se de "chegar a Jesus" em suas conversas com muçulmanos. Leve a conversa à pergunta crucial "Quem é Jesus?"

2. Jesus é tanto o único Filho de Deus – Deus, o Filho – quanto plenamente humano. Na encarnação, Deus, o Filho, assumiu a nossa natureza para oferecer-se em nosso lugar.

---

2 C. S. Lewis, *Mere Christianity*, rev. ed. (New York: Collier, 1952), 55–56.

CAPÍTULO 4

Jesus Cristo:
O Cordeiro Imolado – E Ressurreto!

O Caçador de Pipas é um romance fascinante sobre dois meninos muçulmanos no Afeganistão prestes a ser devastado pela guerra. O livro explora muitas das complexidades culturais do Afeganistão e da cultura muçulmana. Mas o principal tema do livro é sacrifício. Em um capítulo, o personagem principal, Amir, lembra o feriado muçulmano em que o sacrifício de animal é o centro da atenção:

> Amanhã é o décimo dia de Dhul-Hijjah, o último mês do calendário muçulmano, e o primeiro dos três dias de Eid Al-Adha ou Eid-e-Qorban, como os afegãos o chamam – um dia para celebrar como o profeta Ibrahim (Abraão) quase sacrificou seu filho para Deus. Baba escolheu novamente o carneiro neste ano, branquinho com orelhas

pretas e encurvadas. Estamos todos no jardim dos fundos, Hassan, Ali, Baba e eu. O mulá recita a oração e esfrega a barba. Baba sussurra, por entre os dentes: "Prossigamos com isso" [...] O mulá termina a oração. Amém. Pega a faca de cozinha de lâmina comprida. O costume é não deixar o carneiro ver a faca. Ali dá ao animal um cubo de açúcar — outro costume, para tornar a morte mais doce. O carneiro escoiceia, mas não muito. O mulá pega o animal por baixo da mandíbula e coloca a lâmina em seu pescoço. Um segundo antes de cortar a garganta do animal com um golpe exímio, vejo os olhos do carneiro. É um olhar que perseguirá meus sonhos por semanas. Não sei por que assisto a esse ritual que acontece a cada ano em nosso jardim dos fundos; meus pesadelos persistem por muito tempo depois que as manchas de sangue na grama despareceram. Mas sempre assisto. Eu assisto por causa da expressão de aceitação nos olhos do animal. Absurdamente, imagino que o animal entende. Imagino que ele entende que sua morte iminente tem um propósito mais elevado. Esta é a expressão do seu olhar...[1]

Este relato romantizado mostra algo da tradição, significado e base bíblica para o feriado muçulmano de Eid-e-Qorban. Mas quão prevalecente é o tema de sacrifício no islamismo?

---
1 Khaled Hosseini, *The Kite Runner* (New York: Riverhead, 2003), 76–77.

Os muçulmanos creem em sacrifício?

Em um sentido, o sacrifício provê uma motivação importante no islamismo. Está no âmago da prática da peregrinação a Meca. O Ramadã, o mês muçulmano de jejum e oração, chama os muçulmanos fiéis a sacrificarem comida e outros confortos em devoção religiosa. Dar esmolas oferece uma oportunidade de sacrificar em favor dos pobres.

Contudo, será que os muçulmanos entendem realmente a ideia cristã de sacrifício penal substitutivo, de uma pessoa que se coloca em lugar de outra para pagar a penalidade, a dívida do culpado?

O que mais se aproxima desse conceito é a tradição de Eid-e--Qorban, na qual um animal é imolado em lembrança do quase sacrifício que Abraão fez de seu filho – embora os muçulmanos creiam que Ismael, não Isaque, fosse o sacrifício potencial. Apesar de alguns autores pensarem que tal tradição ofereça uma ligação entre o cristianismo e o islamismo,[2] o Alcorão nega que o sacrifício de um animal possa expiar os pecados dos homens. Falando sobre os animais sacrificados durante este feriado, o Alcorão afirma: "Não é a carne, nem o sangue deles que chega até Allah; é a vossa piedade que chega até ele. Assim ele os sujeitou a vós, para que o glorifiqueis por sua direção a vós e proclameis a bem-aventurança a todos que fazem o certo" (Sura 22:37).

No islamismo, a piedade é levava em conta diante de Allah, não o sacrifício.

---

2 Este é o ponto de vista oferecido, por exemplo, por Phil Parshall, *Muslim Evangelism* (Waynesboro, Ga.: Gabriel Publishing, 2003), 159-61.

Uma diferença irreconciliável

Os muçulmanos negam que Jesus seja um sacrifício penal substitutivo. Ou seja, negam o ensino cristão de que Jesus ofereceu a si mesmo como um substituto por nossos pecados, um sacrifício que pagou a penalidade que todos os pecadores devem por suas transgressões. Esta negação equivale a uma diferença irreconciliável com o cristianismo?

Acho que sim. Nunca ouvi um muçulmano dizer: "Você sabe uma coisa? O que os cristãos ensinam a respeito da morte de Jesus na cruz me lembra o Eid-e-Qorban". Na verdade, depois da negação da Trindade, a morte de Cristo como um sacrifício talvez seja a verdade cristã que recebe oposição mais vigorosa da parte dos muçulmanos. Eles acham que a ideia de um homem inocente morrendo numa cruz pelos pecados de outros é uma abominável perversão da justiça. E, ao negar que um homem inocente possa assumir, com justiça, o lugar de um homem culpado, nossos vizinhos e amigos muçulmanos negam a verdade central que permeia toda a Escritura.

O Sacrifício prometido por Deus

O evangelho é a história de Deus sacrificando o seu Filho amado em lugar de pecadores que merecem o inferno. É uma história que Deus revela desde os primeiros capítulos da Bíblia até o Apocalipse e suas cenas culminantes.

O tema de sacrifício começa já em Gênesis 3.15. Imediatamente após a queda de Adão no pecado, Deus amaldiçoa a serpente que tentou Adão e Eva. Deus promete que haverá inimizade entre a serpente e a mulher, entre a descendência da serpente e o descendente da mulher: "Este te ferirá a cabeça, e tu lhe ferirás o calcanhar". Assim, Deus faz a primeira promessa bíblica de um salvador, que esmagaria o mal ao mesmo tempo em que experimentaria sofrimento.

Na promessa pactual descrita em Gênesis 15, Deus chamou Abraão e lhe disse que pegasse uma novilha, uma cabra, um cordeiro, uma rola e um pombinho. Abraão obedeceu e partiu os animais pelo meio. Depois, Abraão caiu em "profundo sono" e densas trevas lhe sobrevieram. E, enquanto ele dormia, o Senhor lhe apareceu num sonho como "um fogareiro fumegante e uma tocha de fogo" que passou entre os pedaços (vv. 15, 17). Nos pactos e tratados antigos, as cerimônias incluíam frequentemente o sacrifício de animais e uma promessa solene de que, se uma parte não cumprisse os termos do pacto, então, a morte infligida aos animais deveria recair sobre a parte infiel.[3] O sonho de Abraão foi a maneira pela qual Deus não somente estabeleceu uma aliança com Abraão, mas também mostrou que suas promessas seriam cumpridas ao custo do sacrifício de si mesmo.

OS PROFETAS DO ANTIGO TESTAMENTO receberam a promessa de que Deus faria expiação pelos pecados de seu povo.

Êxodo 11 e 12 relata a praga sobre os primogênitos e os eventos da primeira Páscoa, durante a saída de Israel do Egito. Cada família deveria imolar um cordeiro de um ano e espa-

---

[3] Bruce K. Waltke e Cathi J. Fredricks, *Genesis* (Grand Rapids: Zondervan, 2001), 244–45.

lhar o sangue nos umbrais de suas casas. Deus prometeu: "O sangue vos será por sinal nas casas em que estiverdes; quando eu vir o sangue, passarei por vós, e não haverá entre vós praga destruidora, quando eu ferir a terra do Egito" (Êx 12.13). Diferentemente do ensino do Alcorão sobre os sacrifícios associados com o Eid-e-Qorban, o sangue da Páscoa realmente chega a Deus e afasta o seu julgamento.

Os primeiros sete capítulos de Levítico dão instruções detalhadas quanto a uma variedade de ofertas que Israel deveria fazer ao Senhor. Ao contrário dos pagãos de seu tempo, esses sacrifícios eram realizados para fazer expiação pelo pecado e pela culpa, e não para apaziguar deidades caprichosas e arbitrárias. Todo o relacionamento de Israel com Deus foi estabelecido por aliança, em cujo âmago estava o sistema de sacrifícios que provia um lembrete frequente de pecado, transgressão e expiação.

Até os profetas do Antigo Testamento receberam a promessa de que Deus faria expiação pelos pecados de seu povo. Por exemplo, o profeta Isaías fala de um servo que "foi oprimido e humilhado, mas não abriu a boca; como cordeiro foi levado ao matadouro; e, como ovelha muda perante os seus tosquiadores, ele não abriu a boca" (Is 53.7). O servo sofredor em Isaías 53 seria "cortado da terra dos viventes; por causa da transgressão do meu povo, foi ele ferido" (v. 8b).

E, depois de um longa e vívida descrição do adultério espiritual de Israel, pelo qual mereciam o juízo de Deus, o profeta Ezequiel registrou a promessa de Deus: "Estabelecerei a minha aliança contigo, e saberás que eu sou o SENHOR, para que te lembres, e te envergonhes, e nunca mais fale a tua boca soberbamente, por causa do teu opróbrio, *quando eu te houver perdoado tudo quanto fizeste*, diz o SENHOR" (Ez 16.62-63 – ênfase acrescentada). Assim como no pacto com Abraão em Gênesis 15, aqui Deus promete que ele – não o povo – faria expiação por todos os pecados deles. O sacrifício seria feito pelo próprio Deus.

O cordeiro de Deus revelado

Todas essas promessas e quadros proféticos acham seu cumprimento em Jesus Cristo. Mateus 1 inclui o relato do anjo do Senhor que apareceu a José em um sonho, instruindo-o a receber Maria, uma vez que ela estava grávida por intervenção divina. Depois, o anjo disse: "Ela dará à luz um filho e lhe porás o nome de Jesus, porque ele salvará o seu povo dos pecados deles" (v. 21). Aprendemos desse episódio que o próprio nome "Jesus" é uma indicação de que ele veio ao mundo para cumprir o plano de Deus de resgatar o povo escolhido dos seus pecados. Mas como isso aconteceria?

O evangelho de João empresta as figuras do sistema sacrificial do Antigo Testamento de maneira impressionante. João Batista, ao ver Jesus, proclamou: "Eis o Cordeiro de Deus, que tira o pecado do mundo!" (Jo 1.29). A maneira como Jesus redimiria seu povo de seus pecados seria tornando-se o próprio Cordeiro de Deus, oferecido como sacrifício em lugar deles. Todos os sacrifícios anteriores apenas apontavam para o sacrifício vindouro. O servo sofredor, em Isaías 53, seria ninguém menos que Jesus, o próprio Filho de Deus. "Pelo precioso sangue, como de cordeiro sem defeito e sem mácula, o sangue de Cristo" (1Pe 1.19), o pecador deveria receber a redenção. "Cristo, nosso Cordeiro pascal, foi imolado" (1Co 5.7).

Isto são boas-novas realmente! Como ensina o escritor da Epístola aos Hebreus: "Com efeito, quase todas as coisas, segundo a lei, se purificam com sangue; e, sem derramamento de sangue, não há remissão... agora, porém, ao se cumprirem os tempos, [Jesus] se manifestou uma vez por todas, para aniquilar, pelo sacrifício de si mesmo, o pecado" (Hb 9.22, 26). Cristo foi sacrificado, o texto nos diz, "para tirar os pecados de muitos" (v. 28).

Se, como o fictício Amir, no romance *O Caçador de Pipas*, que fitou os olhos de um carneiro, pudéssemos fitar os olhos do Filho de Deus, veríamos a expressão de aceitação. Veríamos em seus olhos que o Cordeiro entendia o que estava fazendo. O Cordeiro viu a sua "morte iminente" e sabia que ela aconteceria por um propósito maior – redimir o povo de Deus dos seus pecados.

E, por causa do sacrifício do Cordeiro de Deus, os redimidos cantarão por toda a eternidade: "Digno és de tomar o livro e de abrir-lhe os selos, porque foste morto e com o teu sangue compraste para Deus os que procedem de toda tribo, língua, povo e nação e para o nosso Deus os constituíste reino e sacerdotes; e reinarão sobre a terra" (Ap 5.9-10). Anjos também cantarão diante do trono: "Digno é o Cordeiro que foi morto de receber o poder, e riqueza, e sabedoria, e força, e honra, e glória, e louvor" (v. 12).

Os muçulmanos não entendem essa gloriosa verdade de Deus porque negam que Jesus tenha se sacrificado pelos pecados de seu povo. Não entendem que toda a Bíblia se focaliza no sacrifício que Deus fez de seu próprio Filho para redimir a humanidade perdida.

Uma objeção: "isso é justo?"

"Mas isso é justo?" Essa é a pergunta que nossos amigos muçulmanos fazem quando ouvem as boas-novas de que Jesus morreu em lugar de pecadores. Não são boas-novas para eles porque não acham justo que um homem inocente morra em lugar de culpados.

É claro que os muçulmanos não são os primeiros a levantar essa objeção. Seiscentos anos antes de Maomé nascer, muitas pessoas judias perguntavam se o ponto de vista cristão sobre a expiação era justo. Parece que isso fazia parte das circunstâncias que estavam por trás do conflito abordado pelo apóstolo Paulo quando escreveu à igreja de Roma. Alguns cristãos se empenhavam para entender como a graça e a justiça podiam ser reconciliadas. Alguns até chegaram a acusar Paulo de ensinar que, quanto mais uma pessoa fosse injusta, tanto mais a justiça de Deus seria revelada e que Deus seria injusto em mostrar ira (Rm 3.5). O apóstolo e seus colegas estavam sendo caluniados pelo menosprezo de seu ensino e da glória de Deus (Rm 3.7-8). Mas o apóstolo negou categoricamente esses erros e deturpações.

Para responder às objeções de seus oponentes, Paulo fez esta afirmação chocante:

> A quem [Jesus Cristo] Deus propôs, no seu sangue, como propiciação, mediante a fé, *para manifestar a sua justiça*, por ter Deus, na sua tolerância, deixado impunes os pecados anteriormente cometidos; *tendo em vista a manifestação da sua justiça no tempo presente*, para ele mesmo ser justo e o justificador daquele que tem fé em Jesus (vv. 25-26, ênfase acrescentada).

Você percebe o que Paulo está dizendo nessa passagem? Está argumentando que Deus apresentou *intencionalmente* a Jesus como um sacrifício de expiação *para demonstrar a sua justiça*. O sacrifício de Jesus não torna questionável a justiça de Deus; em vez disso, demonstra a justiça divina! A cruz não é um "problema" para o cristão; é a solução para a acusação de que Deus é injusto!

O SACRIFÍCIO DE JESUS não *torna questionável a justiça de Deus; em vez disso, demonstra a justiça divina!*

Por meio do sacrifício de Jesus, Deus revela e defende a sua justiça de duas maneiras. Primeiramente, o sofrimento de Jesus por seu povo significa que os pecados não punidos anteriormente são agora punidos em Cristo. Deus não deixa nenhum pecado sem punição. Misericórdia e graça não vêm em detrimento da justiça de Deus. Em segundo, porque os pecados dos fiéis foram punidos em Jesus, Deus pode declarar justos aqueles que têm fé em Cristo. Isso é o que significa ser justificado aos olhos de Deus – ser declarado justo por meio da fé em Jesus. A cruz, entendida corretamente, é a própria resposta de Deus para qualquer objeção de que ele é injusto em tornar Jesus o substituto de injustos.

Como sabemos que Deus se satisfaz com o sacrifício de Jesus?

Sabemos que Deus aceitou o sacrifício de Jesus em lugar de pecadores porque Deus o ressuscitou dentre os mortos. A ressurreição demonstra que o pecado e a morte foram vencidos na cruz.

O Cordeiro de Deus foi morto, mas ressuscitou para a vida, a fim de que aqueles que cressem nele vivessem. Jesus afirmou isso nestes termos: "Eu sou a ressurreição e a vida. Quem crê em mim, ainda que morra, viverá; e todo o que vive e crê em mim não morrerá, eternamente" (Jo 11.25-26).

J. Gresham Machen, teólogo de Princeton, expressou muito bem a beleza e a maravilha tanto do sacrifício quanto da ressurreição de Jesus:

> A morte expiatória de Cristo, e somente ela, apresentou pecadores como justos aos olhos de Deus; o Senhor Jesus pagou toda a penalidade dos pecados deles e os vestiu com sua justiça perfeita diante do tribunal de julgamento de Deus.

Mas Cristo fez pelos cristãos muito mais do que isso. Ele lhes deu, não somente uma nova e correta relação com Deus, mas também uma nova vida na presença de Deus, para sempre. Ele os salvou tanto do poder quanto da culpa do pecado. O Novo Testamento não termina com a morte de Cristo; não termina com as triunfantes palavras de Jesus na cruz: "Está consumado". A morte foi seguida pela ressurreição, e a ressurreição, como a morte, foi em nosso benefício. Jesus ressuscitou dos mortos em uma nova vida de glória e poder; e ele traz para essa vida todos aqueles em favor dos quais ele morreu. O cristão, com base na obra redentora de Cristo, não somente morreu para o pecado, mas também vive para Deus.[4]

A pergunta crucial em nossa evangelização é aquela que Jesus fez em João 11.26: "Crês isto?" Você crê que Jesus é a ressurreição e a vida e que todo aquele que crê nele viverá eternamente? Você crê que Deus aceitou o sacrifício de Jesus por ressuscitá-lo dentre os mortos, e que todo aquele que crê nele é trazido à vida?

Se você realmente crê, então conhece uma verdade essencial para compartilhar com seus amigos e colegas muçulmanos. Com confiança, compartilhe as boas-novas maravilhosas com todos os seus vizinhos e amigos! O Senhor Deus, todo-poderoso, veio, sacrificou-se e ressuscitou dos mortos para que pecadores possam viver!

---

4 J. Gresham Machen, *Christianity and Liberalism* (1923; repr., Grand Rapids: Eerdmans, 2009), 135–36.

COISAS A LEMBRAR

1. O sacrifício de Jesus tanto é real quanto necessário. À parte de uma oferta imaculada para Deus, ninguém pode ter seus pecados perdoados. O perfeito sacrifício de Jesus satisfaz todas as exigências santas de Deus quanto à expiação.

2. De acordo com Romanos 3.25-26, o sacrifício de Jesus é a demonstração da justiça de Deus. A morte de Jesus em nosso lugar está longe de ser injusta; em vez disso, ela é o modo por meio do qual Deus manifesta sua justiça e, ao mesmo tempo, declara justo o pecador. A menos que creiam no sacrifício de Jesus, as pessoas não podem ser reconciliadas com Deus; ainda permanecem em seus pecados.

CAPÍTULO 5

Resposta:
Há Arrependimento e Fé...
E, Depois, Há Arrependimento e Fé!

O *New York Times* estampa em sua primeira página um *slogan* que data de 1896: "Toda notícia que convém publicar". Mas podemos não concordar sobre o que é conveniente em um jornal ou revista específica. Por exemplo, uma edição do *U. S. News & World Report* incluía as seguintes manchetes:

> Cinco Riscos associados à Medicação para Diabetes

> Um Prato Cheio para o Congresso: Al Franken Dá ao Partido Uma Maioria à Prova de Obstruções na Aprovação de Projetos

> Romer: Crise econômica – uma Chamada de Despertamento

Na seção de ciência, havia um artigo intitulado "Plantas conservadas na era do gelo em dúvida". Na seção de educação, este era o título de um artigo: "Alunos sofrem restrição abusiva, diz GAO".

Tenho certeza de que estas não são todas as notícias que convém ser publicadas, mas são amostras de pessoas, lugares e eventos considerados notícias dignas naquele dia. As reportagens de jornais apresentam pessoas interessantes, como o comediante que se tornou político Al Franken. E todas essas pessoas são parte de uma história, de uma ação narrativa, como a crise econômica mundial que ameaça os lares e negócios e que está enfraquecendo levemente em 2010. Algumas das histórias têm implicações para as pessoas, como a informação a respeito de como tomar remédios para diabetes apropriadamente.

Notícias e anúncios saturam o mundo de hoje. A pessoa comum é bombardeada com algo entre 1000 a 5000 mensagens e anúncios por dia! Há muitas notícias competindo por nossa atenção.

O EVANGELHO: BOAS NOTÍCIAS...
MAS TAMBÉM NOTÍCIAS EXIGENTES

Isto significa que muita competição existe entre as boas notícias do cristianismo e milhares de outras histórias noticiosas. O evangelho de Jesus Cristo tem semelhanças e dessemelhanças com outras notícias. No entanto, a maioria das pessoas prestará mais atenção às pessoas, eventos e lugares dos pro-

*Resposta: há arrependimento e fé...
e, depois, há arrependimento e fé!*

gramas de notícias televisivas da noite do que às boas notícias de Jesus Cristo crucificado e ressuscitado para a salvação delas.

O evangelho, como outras notícias, apresenta pessoas, lugares e acontecimentos específicos. Ele apresenta as notícias sobre Jesus Cristo, o Filho de Deus, que nasceu de uma virgem, viveu sem pecado, ensinou sobre o reino dos céus, realizou milagres, foi crucificado, sepultado e ressuscitou para comprar o perdão e a vida eterna.

No entanto, o evangelho é, também, *diferente* de outros tipos de notícias. Outras notícias podem ser ponderadas e descartadas como irrelevantes e inconsequentes. Mas o evangelho faz exigências para cada ser humano já nascido. Deus "notifica aos homens que todos, em toda parte, se arrependam" (At 17.30). Além disso, todos precisam confiar ou crer em Jesus: "Porque Deus amou ao mundo de tal maneira que deu o seu Filho unigênito, para que todo o que nele crê não pereça, mas tenha a vida eterna... Quem nele crê não é julgado; o que não crê já está julgado, porquanto não crê no nome do unigênito Filho de Deus" (Jo 3.16, 18).

O evangelho não pode ser descartado como o jornal de ontem. Se uma pessoa responde ou não apropriadamente ao evangelho – com arrependimento e fé – isso tem implicações para a vida presente e porvir.

O que Significa Arrependimento e Fé Bíblicos?

O chamado para arrependimento do pecado e para crer no Senhor Jesus Cristo reverbera em todo o Novo Testamento.

Primeiramente, ouvimos o chamado ao arrependimento e à fé na pregação de João Batista (Mt 3.1-12). O próprio Jesus, quando começou seu ministério público, chamou seus ouvintes para que se arrependessem e cressem (Mt 4.17; Mc 1.15). E os apóstolos, depois de Jesus, insistiram com seus ouvintes para que respondessem ao evangelho exatamente da mesma maneira (At 2.37-38, 41; 26.20).

O teólogo e professor Wayne Grudem oferece uma definição bastante útil do arrependimento bíblico.

> A arrependimento, como a fé, é um *entendimento* intelectual (de que o pecado é errado), uma *aprovação* emocional dos ensinos da Escritura concernentes ao pecado (uma tristeza pelo pecado e ódio para com ele) e uma *decisão pessoal* de converter-se do pecado (uma renúncia do pecado e uma decisão da vontade para abandoná-lo e levar uma vida de obediência a Cristo).[1]

Arrependimento significa basicamente "voltar-se" do pecado para Deus intelectual, emocional e propositalmente. Envolve abandonar a vida de pecado e ídolos e voltar-se para Deus em fé. Essa era a resposta que os líderes da igreja primitiva exigiam quando o evangelho era pregado. Por exemplo, veja a maneira como o apóstolo Paulo relatou os acontecimentos em Tessalônica:

---

[1] Wayne Grudem, *Bible Doctrine* (Grand Rapids: Zondervan, 1999), 310.

*Resposta: há arrependimento e fé...
e, depois, há arrependimento e fé!*

> Porque de vós repercutiu a palavra do Senhor não só na Macedônia e Acaia, mas também por toda parte se divulgou a vossa fé para com Deus, a tal ponto de não termos necessidade de acrescentar coisa alguma; pois eles mesmos, no tocante a nós, proclamam que repercussão teve o nosso ingresso no vosso meio, e como, deixando os ídolos, vos convertestes a Deus, para servirdes o Deus vivo e verdadeiro e para aguardardes dos céus o seu Filho, a quem ele ressuscitou dentre os mortos, Jesus, que nos livra da ira vindoura (1Ts 1.8-10).

A verdadeira resposta ao evangelho não acontece onde não há arrependimento. Um pregador descreveu a fé em Jesus sem o arrependimento como uma nota de cem dólares impressa apenas de um lado. Pode parecer dinheiro genuíno, mas o que falta invalida o todo.[2]

Como o arrependimento, a fé envolve a pessoa toda – sua mente, emoções e vontade. Fé é saber a verdade sobre Jesus Cristo e o que ele fez por nossa salvação, aceitando esses fatos com um coração jubiloso e fazendo uma decisão pessoal de crer em Jesus para salvar-nos. A pessoa que tem fé ou crê em Jesus Cristo depende dele para livrá-la do julgamento de Deus contra o pecado. A confiança para a vida eterna está em Jesus e não em si mesma.

---

2 C. John Miller, *Repentance and 21st Century Man* (Fort Washington, Pa.: CLC Publications, 1975), 26.

James Montgomery Boice ofereceu uma excelente ilustração da fé bíblica extraída da vida do missionário John G. Paton, um missionário pioneiro nas Ilhas Novas Hébridas. Quando Paton chegou ali, descobriu que os nativos não tinham uma maneira de grafar a sua língua. Boice escreveu:

> Ele começou a aprender [a língua] e a trabalhar na tradução da Bíblia para eles. Logo Paton descobriu que eles não tinham nenhuma palavra que significava "fé". Este era um problema sério, é claro, porque uma pessoa não poderia traduzir a Bíblia sem a palavra fé. Um dia, ele saiu para caçar com um dos nativos. Atiraram em um grande veado no percurso da caçada, amarraram suas pernas e, pendurando-o numa vara, desceram laboriosamente a montanha, caminhando de volta para a casa de Paton, perto da praia. Quando chegaram à varanda, ambos colocaram o veado no chão, e o nativo pulou imediatamente numa das cadeiras dobráveis que estavam no pórtico, exclamando: "É bom estender-se aqui e descansar". Paton se levantou imediatamente e anotou a frase. Em sua tradução final do Novo Testamento, esta foi a palavra que ele usou para transmitir a ideia de confiança, fé e crença.[3]

Fé é estender-se e descansar em Jesus e em sua obra na cruz como único fundamento para uma posição justa diante de

---

3 James Montgomery Boice, *The Gospel of John, Vol. 1: The Coming of the Light, John 1–4* (Grand Rapids: Baker, 1999), 224–25.

*Resposta: há arrependimento e fé...
e, depois, há arrependimento e fé!*

Deus. Fé é voltar-se para Cristo como único salvador e senhor. Juntos, o arrependimento e a fé constituem o que os cristãos chamam geralmente de "conversão".

Arrependimento e fé no Islamismo

Quando tentamos compartilhar o evangelho com um amigo muçulmano, a linguagem pode ser um problema. Não quero dizer que seremos ineficientes se não conhecermos o árabe. Pelo contrário, temos de compreender que cristãos e muçulmanos usam frequentemente os mesmos termos com significados diferentes. "Arrependimento" e "fé" são dois exemplos.

Os muçulmanos usam o vocábulo "arrependimento" como referência à conversão de não muçulmanos ao islamismo (Sura 5:36-37) ou aos próprios muçulmanos se voltando para Deus (Sura 24:31). Homens e mulheres são chamados ao arrependimento porque são muitos fracos para obedecer a todos os mandamentos de Allah. O seu arrependimento tem de ser genuíno para ser aceitável a Allah (Sura 66:8), mas é incerto quais coisas exigem arrependimento, visto que os teólogos muçulmanos fazem uma distinção entre pecados maiores e menores. Todos os muçulmanos concordam em que é necessário arrependimento para pecados maiores. Mas alguns dizem que pecados menores não exigem arrependimento.[4]

---

[4] Para uma discussão clara e proveitosa destes assuntos, ver Chawkat Moucarry, *The Search for Forgiveness: Pardon and Punishment in Islam and Christianity* (Downers Grove, IL.: InterVarsity, 2004); ver capítulo 9. Para uma visão geral do ensino islâmico sobre o pecado, ver o capítulo 7 de *The Search for Forgiveness* e o capítulo 2 deste livro.

No islamismo, a fé pode ser definida em uma de três maneiras, dependendo da escola de pensamento que um muçulmano apoie. Fé pode ser definida apenas como obedecer aos mandamentos de Deus. Ou seja, um mulçumano pode crer que a fé inclui tanto a obediência quanto uma profissão de confiança e crença em Deus. De acordo com Sura 49:14, há aqueles que se submetem a Allah em obediência, mas, apesar disso, nunca tiveram fé ou crença introduzida em seu coração. Isto apresenta uma confusão sobre a natureza da fé na teologia islâmica.

Como deixar clara a resposta bíblica

Então, quando compartilhamos as boas notícias de Jesus Cristo com nossos amigos muçulmanos, é importante que esclareçamos algumas coisas.

Primeiro, devemos deixar claro que todo pecado ofende nosso Deus santo. Portanto, todos os pecados – até pecados não intencionais (ver Levítico 4) – exigem arrependimento e um sacrifício expiatório. Além disso, pecados específicos não são fundamentalmente o problema; o problema é o pecado. A existência, o horror do próprio pecado é o problema fundamental, não meramente as suas instâncias. Portanto, seja menor seja maior, o pecado e suas expressões são sempre sérios, e o pecador sempre precisa de arrependimento.

Segundo, devemos deixar claro que o arrependimento genuíno exige abandono do pecado. O arrependimento exige mais do que tristeza pelas transgressões "maiores". O arrependimento exige que voltemos as costas totalmente para a velha vida de

*Resposta: há arrependimento e fé...
e, depois, há arrependimento e fé!*

pecado, para que "quanto ao trato passado, vos despojeis do velho homem, que se corrompe segundo as concupiscências do engano, e vos renoveis no espírito do vosso entendimento" (Ef 4.22-23). O arrependimento é como atravessar uma ponte e queimá-la, para que nunca voltemos para aquele caminho de desejos e hábitos pecaminosos.

Terceiro, devemos deixar claro que a fé genuína exige conhecimento exato de, concordância com e aceitação pessoal do que Deus fez por nós em Jesus. A fé não é meramente recitar a *shahada*, a confissão muçulmana de que há somente um Deus e de que Maomé é seu mensageiro. A fé não é também apenas fazer a oração do pecador ou responder a um chamado para ir à frente do templo, como alguns crentes acreditam. A fé é um dom de Deus, pelo qual o pecador se entrega pessoalmente a Jesus como senhor e salvador, que comprou o perdão e a vida eterna por meio de sua crucificação e ressurreição. Não há fé salvadora que não olhe para Jesus dessa maneira.

Quarto, devemos deixar claro que o perdão com Deus vem por meio da graça, à parte de quaisquer obras de justiça. A conversão genuína se manifesta em boas obras e mudança de vida (Ef 2.10), mas as boas obras e uma vida moral não ganham o perdão ou a salvação de Deus. Os muçulmanos acreditam que as boas obras são essenciais para que mereçamos a salvação, sendo acrescentadas à fé. Mas esse não é o evangelho da Bíblia. Acrescentar qualquer coisa à cruz de Cristo é escravidão à lei, é tornar Cristo sem valor algum. Depender de nossa justiça própria nos aliena de Cristo e da graça de Deus (Gl 5.1-4).

Para sermos eficientes na evangelização, precisamos esclarecer aquelas coisas que geram mal-entendido e confusão do ensino da Bíblia sobre o arrependimento e a fé. Mas, será que a diferença é apenas semântica, apenas uma questão de escolha de palavra?

COMO USAR A LINGUAGEM BÍBLICA PARA DESCREVER A MUDANÇA QUE VEMOS NA CONVERSÃO

As frases e palavras singulares da Escritura oferecem outra maneira pela qual os cristãos podem superar o problema de linguagem que às vezes enfrentamos com muçulmanos quando descrevemos a conversão. Por exemplo, a expressão "nascido de novo" descreve bem e sucintamente o que os cristãos querem dizer quando discutimos a conversão, e distingue essa experiência de qualquer coisa que o islamismo descreve. Embora muçulmanos e cristãos usem esses termos comuns, "arrependimento" e "fé", palavras bíblicas como "nascido de novo", "unido a Cristo" e "nova criação" comunicam as diferenças reais entre o entendimento islâmico e o entendimento cristão a respeito da conversão. Portanto, quando compartilhamos o evangelho, devemos tentar explicar essas diferenças em cinco áreas.

Primeira, devemos explicar que *ser cristão é ser nascido de novo*. Jesus disse: "Em verdade, em verdade te digo que, se alguém não nascer de novo, não pode ver o reino de Deus" (Jo 3.3). Como diz um escritor: "O que acontece no novo nascimento não é a obtenção de uma nova religião, e sim de uma nova vida".[5]

---
5 John Piper, *Finalmente Vivos: O que Acontece quando Nascemos de Novo?* (São José dos Cam-

*Resposta: há arrependimento e fé...
e, depois, há arrependimento e fé!*

Segunda, devemos explicar que *ser cristão é ser nascido de Deus*. Jesus ofereceu detalhes quanto ao que significa ser nascido de Deus quando disse: "Não te admires de eu te dizer: importa-vos nascer de novo. O vento sopra onde quer, ouves a sua voz, mas não sabes donde vem, nem para onde vai; assim é todo o que é nascido do Espírito" (Jo 3.7-8). Na conversão, o pecador é nascido de novo pelo poder e obra soberana de Deus, o Espírito Santo, que sopra onde lhe agrada. Isto é radicalmente diferente de qualquer coisa que o islamismo ensina sobre a conversão. Essa conversão não é uma realização humana. A Bíblia ensina: "Mas, a todos quantos o receberam, deu-lhes o poder de serem feitos filhos de Deus, a saber, aos que creem no seu nome; os quais não nasceram do sangue, nem da vontade da carne, nem da vontade do homem, *mas de Deus*" (Jo 1.12-13, ênfase acrescentada). Deus faz a obra de produzir o novo nascimento na vida de pessoas mortas em pecado.

Terceira, devemos explicar que *ser cristão é ser ressuscitado da morte para a vida*. Romanos 6.1-5 descreve vida ressurreta de conversão.

> Que diremos, pois? Permaneceremos no pecado, para que seja a graça mais abundante? De modo nenhum! Como viveremos ainda no pecado, nós os que para ele morremos? Ou, porventura, ignorais que todos nós que fomos batizados em Cristo Jesus fomos batizados na sua morte? Fomos, pois, sepultados com ele na mor-

---

pos, SP: Fiel, 2011), 28.

te pelo batismo; para que, como Cristo foi ressuscitado dentre os mortos pela glória do Pai, assim também andemos nós em novidade de vida. Porque, se fomos unidos com ele na semelhança da sua morte, certamente, o seremos também na semelhança da sua ressurreição.

A obra de conversão ou regeneração realizada por Deus é tão radical, que só pode estar ligada com morte e ressurreição, morrer para o pecado e viver uma vida nova para Deus.

Quarta, devemos explicar que *ser cristão é ser unido espiritualmente a Cristo*. Esta é outra verdade bíblica que ajuda a distinguir a conversão cristã das ideias islâmicas de conversão. A Bíblia ensina que na conversão Deus une o cristão a ele mesmo por meio de seu Filho. Fomos "unidos com ele" (Rm 6.5). O apóstolo Paulo descreveu a experiência cristã quando escreveu: "Estou crucificado com Cristo; logo, já não sou eu quem vive, mas Cristo vive em mim; e esse viver que, agora, tenho na carne, vivo pela fé no Filho de Deus, que me amou e a si mesmo se entregou por mim" (Gl 2.19-20). A vida cristã "está oculta juntamente com Cristo, em Deus" (Cl 3.3). Essa é a vida renovada de que precisamos e que devemos ter, se quisermos entrar no reino dos céus.

Finalmente, devemos explicar que *ser cristão é ser uma nova criatura*. "Se alguém está em Cristo, é nova criatura; as coisas antigas já passaram; eis que se fizeram novas. Ora, tudo provém de Deus, que nos reconciliou consigo mesmo por meio de Cristo" (2Co 5.17-18).

Resposta: há arrependimento e fé...
e, depois, há arrependimento e fé!

A mudança de conversão é radical, e usar a linguagem radical da Bíblia é melhor para demonstrarmos a diferença para nossos amigos muçulmanos.

O QUE TRANSFORMA EM BOAS AS BOAS NOVAS?

Certa vez, durante um diálogo público com Omar (não é o seu nome real), fui lembrado de como o evangelho oferece boas notícias a todos que creem em Jesus Cristo. Depois de aproveitar a oportunidade para apresentar o que as respectivas fés ensinavam sobre Jesus Cristo e a salvação, Omar e eu sentamos em frente um do outro para uma sessão de perguntas e respostas. Durante o tempo que lhe fora designado, ele me perguntou se eu tinha certeza de que iria para o céu. "Sim", eu respondi.

Quando foi minha vez de fazer perguntas, perguntei a mesma coisa: "Você tem certeza de que está indo para o céu?"

Com grande confiança e felicidade impressionante, Omar disse: "Não. Eu não tenho certeza de que estou indo para o paraíso. É possível a um homem renunciar o islamismo. É possível que eu não me arrependa de alguns pecados e Allah não me deixe entrar no Paraíso".

Omar deu uma resposta bastante sincera. Mas, ao fazer isso, revelou um grande contraste entre os conceitos cristão e mulçumano de conversão e vida com Deus. No ponto de vista muçulmano, a conversão é essencialmente um *status* atingido pelo homem e o paraíso não pode ser garantido. Não há nenhuma segurança do perdão de Allah ou de entrar no paraíso.

No ponto de vista cristão, a conversão e a salvação são obras de Deus, desde o início até ao fim. Visto que Jesus é o nosso sacrifício perfeito e a nossa justiça perfeita, visto que ele satisfaz vicariamente tudo que Deus exige da humanidade, todos aqueles que creem em Jesus podem ter certeza do perdão de Deus e do dom da vida eterna. E, mais do que certezas "exteriores", o cristão recebe o testemunho interior de Deus, o Espírito Santo. Pois, no momento de nossa conversão, recebemos o "espírito de adoção, baseados no qual clamamos: Aba, Pai. O próprio Espírito testifica com o nosso espírito que somos filhos de Deus. Ora, se somos filhos, somos também herdeiros, herdeiros de Deus e coerdeiros com Cristo" (Rm 8.15-17). O propósito pelo qual Deus inspirou certas partes da Escritura é assegurar-nos de seu amor e perdão. O apóstolo João termina uma de suas epístolas com esta afirmação de propósito: "Estas coisas vos escrevi, a fim de saberdes que tendes a vida eterna, a vós outros que credes em o nome do Filho de Deus" (1Jo 5.13).

A natureza radical do novo nascimento, o testemunho da Escritura e o testemunho de Deus, o Espírito Santo, asseguram o cristão de sua aceitação com Deus, o Pai. Essa segurança não está disponível no islamismo, mas se torna boas notícias para todos aqueles que creem – incluindo qualquer muçulmano que ache Jesus como seu salvador.

Quão firme é esta aceitação com Deus, o Pai? A Escritura diz que ela é garantida pelo Filho amado de Deus, o Redentor Jesus Cristo (Ef 1.6-7). Deus mesmo realiza e garante a nossa salvação por sua graça, mediante a fé em seu Filho. Depende de

Resposta: há arrependimento e fé...
e, depois, há arrependimento e fé!

Deus, não do homem. Esta é a razão por que o evangelho é *boas* notícias que exigem uma resposta de cada pessoa.

COISAS A LEMBRAR

1. O arrependimento e a fé genuínos exigem deixar a vida velha de pecado e sem Deus e voltar-se para Deus por meio da fé em seu Filho. Uma pessoa é salva tão somente pela graça de Deus, mediante a fé, sem quaisquer obras de justiça. Em nossa evangelização devemos esclarecer essas verdades, porque os muçulmanos usam as mesmas palavras com significados muito diferentes.

2. Uma maneira de esclarecermos o entendimento cristão da conversão é usarmos apenas linguagem cristã, como "nascer de novo", "novo nascimento" e "nova criatura".

Quando Você Testemunha

PARTE 2

CAPÍTULO 6

Seja Cheio do Espírito

Há alguns anos estive numa conferência de evangelização liderada por um evangelista canadense popular de ascendência indiana. Ele era agradável, informativo e comprometido. Certa altura, ele perguntou ao auditório: "O que vocês acham que é o maior obstáculo à propagação do evangelho?"

Foi uma boa pergunta. Até aquele momento acho que nunca haviam feito essa pergunta a mim com tanta clareza. O auditório respondeu com inúmeras razões incomuns para o fracasso da evangelização cristã: falta de oportunidade, falta de conhecimento, o pobre exemplo de algumas "más testemunhas", hipocrisia na igreja e assim por diante. Contudo, talvez a resposta mais citada foi o medo.

A maioria das pessoas acreditava que medo de rejeição, de retaliação, medo de que perguntas fossem feitas e medo de fracasso impediam muitos cristãos de compartilharem sua fé com os outros. Penso que há muita verdade nessas respostas.

O FORTE DOMÍNIO DO MEDO

O medo motiva ou impede muitos comportamentos. Falamos de estar "paralisados" de medo. Essa é uma metáfora maravilhosa porque o medo tende realmente a nos paralisar fortemente e a nos manter sob seu domínio. O medo luta conosco como um atleta de luta olímpica, segurando-nos com braços firmes e nos prendendo ao tatame.

Já senti o forte domínio do medo. Certa vez fui convidado a participar de um diálogo público com um apologista muçulmano sobre o assunto "quem é Jesus Cristo e como somos salvos?" O assunto foi escolhido pelos alunos muçulmanos que patrocinavam a discussão. Você poderia esperar que eu não tivesse receios. No entanto, na noite anterior ao diálogo público, sentei-me ao lado de minha cama tomado de medo. Ele se escondera em meu coração por meses, literalmente desde o momento em que recebi o convite para participar do programa. Não sei por que estava com tanto medo. Aquela seria a minha terceira participação nesse tipo de evento, e nas duas anteriores eu me saíra realmente bem. Mas eu estava tomado de pânico.

Em preparação para a discussão, ouvi um debate anterior que mostrava o jovem palestrante muçulmano com quem em breve eu debateria. Durante esse evento anterior, o moderador perguntou ao muçulmano se ele achava que os convertidos do islamismo que professavam abertamente a sua conversão seriam mortos. Sem hesitação, ele respondeu: "Sim, absolutamente. Se eles falam em deixar o islamismo em um país muçulmano, podem confundir e enganar os muçulmanos mais fracos, levando os outros a dúvidas e descrença. Para proteger os muçulmanos mais fracos, tais pessoas devem ser mortas".

Em algumas horas, eu estaria no mesmo palco com aquele homem discutindo as perguntas "quem é Jesus?", e "como somos salvos?" Imaginei algumas das coisas que poderiam dar errado. Aquela era uma cidade muçulmana e a discussão seria bastante pública. Quanto maior o evento, tanto menos controlado seria o ambiente. Poderia haver furor e talvez até reação violenta ao fato de que um ex-muçulmano estaria contando a sua conversão e compartilhando o evangelho em um país muçulmano.

Nunca estive tão temeroso em minha vida. Peguei o telefone e liguei para minha esposa. Queria apenas ouvir a sua voz e orar. O medo sugeriu que aquela poderia ser a última vez. Sugeriu também que um "procedimento mais sábio" seria trivializar a minha conversão quando o momento chegasse. O que aconteceu? Eu o levarei ao debate no final do capítulo.

O problema do apóstolo Paulo

Podemos aprender de Paulo sobre como lidar com nossos medos. Quando você olha para a vida do apóstolo, pode até concluir que ele enfrentou toda ameaça com coragem, zelo e determinação – e pouco medo. Lendo algumas das proezas de

Paulo no livro de Atos você pode ser levado a dizer: "Gostaria de ser mais assim" e: "Que grande testemunho cristão!"

O apóstolo Paulo parece quase super-humano. E esse é o problema de Paulo. Ele permanece quase como uma lenda para muitos cristãos de nossos dias.

Mas as coisas eram realmente assim na vida de Paulo?

Numa ocasião, Paulo descreveu o que ele e seus companheiros experimentaram em seus labores missionários. "Não queremos, irmãos, que ignoreis a natureza da tribulação que nos sobreveio na Ásia, porquanto foi acima das nossas forças, a ponto de desesperarmos até da própria vida. Contudo, já em nós mesmos, tivemos a sentença de morte" (2Co 1.8-9). Esse reconhecimento de Paulo contradiz minhas ideias predominantemente românticas a seu respeito.

Parece que os cristãos de Corinto estavam com a impressão errada acerca de Paulo. Mas o apóstolo deixou claro que às vezes Timóteo e ele se sentiram incapazes de suportar as pressões da vida e do ministério cristão. Eles desesperaram "até da própria vida" e sentiram "a sentença de morte" em seu coração. Estavam sob o domínio do medo.

E esta não foi uma experiência incomum para Paulo. A vida do apóstolo esteve frequentemente em perigo. Ele escreveu à igreja de Corinto sobre ter sido aprisionado, açoitado e exposto à morte. E ofereceu muitos dos detalhes em 2Coríntios 11.24-27:

> *Cinco vezes recebi dos judeus uma quarentena de açoites menos um; fui três vezes* fustigado com varas; uma vez,

apedrejado; em naufrágio, três vezes; uma noite e um dia passei na voragem do mar; em jornadas, muitas vezes; em perigos de rios, em perigos de salteadores, em perigos entre patrícios, em perigos entre gentios, em perigos na cidade, em perigos no deserto, em perigos no mar, em perigos entre falsos irmãos; em trabalhos e fadigas, em vigílias... em frio e nudez.

Depois, ele perguntou: "Quem enfraquece, que também eu não enfraqueça?" (v. 29). O apóstolo conheceu sofrimento, fraqueza e medo; não era imune às mesmas tentações que enfrentamos – incluindo o medo. Esta é a razão pela qual ele pediu à igreja de Éfeso que orasse em favor dele: "Também por mim; para que me seja dada, no abrir da minha boca, a palavra, para, com intrepidez, fazer conhecido o mistério do evangelho, pelo qual sou embaixador em cadeias, para que, em Cristo, eu seja ousado para falar, como me cumpre fazê-lo" (Ef 6.19-20).

Paulo era um homem como nós. Não era super-humano. E, embora suas proezas para o Senhor tenham sido grandes, Paulo experimentou tudo que experimentamos: fadiga, fome, alegria, dor, incerteza e até medo. Isso foi a razão por que ele pediu aos outros que orassem por ousadia e suplicassem que ele fosse destemido quando pregasse o evangelho aos outros.

MEDO E OUSADIA PODEM COEXISTIR?

Julgando pela vida do apóstolo Paulo, podemos concluir enfaticamente: "Sim, medo e ousadia podem coexistir!" Ousadia não é o que as pessoas fazem quando são destemidas; ousadia é o que as pessoas fazem diante do medo.

E ousadia vem, em parte, quando tememos a pessoa apropriada – quando procuramos amar, reverenciar e permanecer no temor de Deus e não de homens que podem se opor a nós.

Em Mateus 10, o Senhor Jesus enviou seus discípulos numa viagem missionária de curto prazo. Ele os advertiu de que enfrentariam todo tipo de oposição e perseguição, inclusive de seus familiares (vv. 17-22). A perseguição seria tão forte, que Jesus descreveu seus seguidores como "ovelhas" no "meio de lobos" (v. 16). Seria natural os discípulos de Jesus terem uma reação temerosa à ameaça de dano corporal.

No entanto, o Senhor lembrou seus discípulos de que não tivessem medo de seus inimigos. "Não temais os que matam o corpo e não podem matar a alma; temei, antes, aquele que pode fazer perecer no inferno tanto a alma como o corpo" (v. 28). Em outras palavras, um temor saudável do Senhor remove o temor de homens. Esta foi a experiência que Davi expressou, quando exclamou: "Em Deus, cuja palavra eu louvo, no SENHOR, cuja palavra eu louvo, neste Deus ponho a minha confiança e nada temerei. Que me pode fazer o homem?" (Sl 56.10-11).

Há limites para o que os homens podem nos fazer, mas não há limites para o poder de Deus. E a verdade maravilhosa é que Deus usa seu poder para o nosso bem-estar. "Não se vendem dois pardais por um asse? E nenhum deles cairá em terra sem o consentimento de vosso Pai. E, quanto a vós outros, até os cabelos todos da cabeça estão contados. Não temais, pois! Bem mais valeis vós do que muitos pardais" (Mt 10.29-31). Se tememos o Senhor, lembramos que Deus é por nós e cuida dos detalhes de nossa vida como um pai amoroso cuida de seus filhos. Valemos mais do que muitos pardais, parte aparentemente insignificante da criação cuidada por Deus. Portanto, não precisamos ter medo de homens. "O Senhor é a minha luz e a minha salvação; de quem terei medo? O Senhor é a fortaleza da minha vida; a quem temerei?" (Sl 27.1).

Onde Paulo conseguiu sua ousadia?

Muitas pessoas pensam em ousadia como algo que elas evocam de algum lugar no profundo da alma. Atletas falam do "teste de coragem e determinação" quando a competição se aproxima e eles precisam de coragem. Elogiamos uma "performance corajosa" de um ator ou uma atriz que se empenha num papel ousado. E admiramos pessoas que têm "coragem". Tendemos a pensar que ousadia vem de um estoque interior de força e valor. Aqueles que a tem são capazes de apertar um botão e exercê-la "quando estão em situação perigosa".

Tudo isso é clichê – e muito inexato à luz de uma perspectiva cristã. Quando o apóstolo Paulo pediu aos cristãos efésios que orassem em favor de sua ousadia, parece muito claro que ele não imaginava que a ousadia habitasse em algum lugar de sua alma. De fato, o pedido de oração sugere que o apóstolo estava preocupado com a falta de ousadia em falar sobre Jesus. Talvez ele já tivesse falhado em falar destemidamente em ocasiões anteriores; por isso, conhecia a inquietação que resulta de acovardar-se quando deveria ter sido ousado.

Então, onde Paulo achou ousadia, se ela não procedeu de dentro dele mesmo?

A ousadia de que Paulo precisava e demonstrou não procedeu dele mesmo, e sim de Deus, o Espírito Santo. Para testemunhar sobre Cristo de modo eficaz, precisamos ser cheios do Espírito Santo.

Seja cheio do Espírito Santo

Existe muita confusão sobre o que a Bíblia quer dizer quando se refere a sermos cheios do Espírito Santo. Algumas pessoas imaginam uma "segunda obra de graça" na vida do crente; assim, alguns crentes têm este "enchimento" e outros não. Algumas pessoas pensam no ser "cheio do Espírito" da mesma maneira como pensam no encher um copo de água ou bebida. O cristão estava "vazio" e um novo "enchimento" acontece.

Quando a Bíblia fala de ser "cheio do Espírito", um quadro diferente vem à mente. Ser cheio do Espírito Santo significa ser controlado pelo Espírito da mesma maneira como as velas de um barco são enchidas de vento e seguem em seu curso. O Espírito dá poder ao cristão para que ele possa testemunhar sobre Cristo. Essa é a promessa de Jesus em Atos 1.8: "*Recebereis poder*, ao descer sobre vós o Espírito Santo, e *sereis minhas testemunhas* tanto em Jerusalém como em toda a Judéia e Samaria e até aos confins da terra" (ênfase acrescentada). E, quando lemos todo o livro de Atos, a atividade mais frequentemente associada com o enchimento do Espírito é falar com ousadia.

Considere o seguinte:
- Em Atos 2.4, os apóstolos "ficaram cheios do Espírito Santo e passaram a falar em outras línguas, segundo o Espírito lhes concedia que falassem". Pedro explicou que o miraculoso dom de falar em línguas cumpriu a profecia de Joel a respeito de um dia em que o Espírito de Deus seria derramado sobre toda a carne e pessoas profetizariam. E Pedro pregou o evangelho com ousadia ao seu auditório judaico. Quase três mil almas foram salvas naquele dia.
- Em Atos 4, Pedro e João foram presos por ensinarem a ressurreição de mortos. Quando foram apresentados diante das autoridades, anciãos e sumos sacerdotes, Pedro ficou cheio do Espírito Santo e lhes falou da crucificação e da ressurreição de Jesus e da culpa deles na morte do Senhor. O versículo 13 nos diz que os líderes religiosos, "*ao verem a intrepidez* de Pedro e João... admiraram-se".
- Depois, ainda em Atos 4, quando Pedro e João foram libertos da prisão e compartilharam sua história com os outros discípulos, eles oraram a Deus e lhe pediram: "Concede aos teus servos que anunciem com toda a intrepidez a tua palavra" (v. 29). E, "tendo eles orado, tremeu o lugar onde estavam reunidos; *todos ficaram cheios do Espírito Santo e, com intrepidez, anunciavam a palavra de Deus*" (v. 31).

- Em Atos 6, Estêvão defendeu a fé contra diversos oponentes do evangelho. Embora se opusessem a Estêvão, "não podiam resistir à sabedoria e ao Espírito, pelo qual ele falava" (v. 10). Mesmo sozinho, Estêvão falou com ousadia no poder do Espírito, como Atos 7 relata.
- Em sua primeira viagem missionária, o apóstolo Paulo foi cheio do Espírito Santo. Ele e Barnabé enfrentaram oposição de um mágico chamado Elimas (At 13.8). "Todavia, Saulo, também chamado Paulo, cheio do Espírito Santo, fixando nele os olhos, disse: Ó filho do diabo, cheio de todo o engano e de toda a malícia, inimigo de toda a justiça, não cessarás de perverter os retos caminhos do Senhor?" (vv. 9-10).

OUSADIA DIVINA vem da comunhão com Deus, o Espírito Santo e do encher-se dele.

Para o cristão, ousadia divina vem da comunhão com Deus, o Espírito Santo e do encher-se dele. Foi assim que o apóstolo Paulo – um homem tomado do temor de morte – pôde falar ousadamente em face de perseguição e resistência. Foi assim que ele pôde sofrer apedrejamento, ser deixado a morrer e levar seu corpo machucado ao próprio lugar de perseguição para continuar pregando o evangelho de nosso Senhor no dia seguinte (At 14.19-20). Ele ficou cheio de Deus, o Espírito Santo, que dá ousadia e poder para testemunharmos. Ele não apertou um botão, Deus o dominou. Isto é o que precisamos em nossos esforços para compartilhar o evangelho com nossos amigos e vizinhos; precisamos de que Deus, o Espírito Santo, nos domine.

Algo engraçado aconteceu
durante o nosso diálogo

Chegamos àquela noite em que houve o diálogo. Eu estava com medo, mas tentei me mostrar calmo e entusiasmado. Antes do evento começar, pedi ao homem que viajara comigo que achasse um lugar a uma distância relativamente segura para assistir ao evento.

A discussão começou e algo engraçado aconteceu. Parece que alguém assumiu o controle. Durante quase três horas, o palestrante muçulmano e eu apresentamos nossas posições. Questionamos um ao outro e nos envolvemos com o auditório. Foi magnífico!

Não era eu mesmo! Ainda estava com medo e não havia compartilhado nenhum detalhe sobre minha conversão do islamismo à fé no Senhor Jesus. Quietamente, eu travava outro debate comigo mesmo: *deveria ou não deveria?* Isso era temor ou sabedoria?

Por fim, o moderador instruiu meu oponente e a mim a começarmos nossos comentários finais. O outro palestrante usou a maior parte de seu tempo para responder a vários assuntos levantados antes no debate. Em seu minuto final, ele exortou o auditório a ler o Alcorão. Insistiu em que a leitura do Alcorão melhoria a vida de seus leitores.

Enquanto eu ouvia, foi como se tivesse levado um tapa no ombro, uma cotovelada realmente. Era o Senhor. Quando meu colega palestrante terminou, dizendo: "Leiam o Alcorão, ele melhorará a vida de vocês", sabia que o Senhor estava mantendo aberta a porta para o evangelho e meu próprio testemunho de conversão.

Assumi a minha vez na tribuna, dirigi alguns agradecimentos aos organizadores e comecei: "Vocês sabem, já li o Alcorão. Eu era um muçulmano praticante..."

Depois do diálogo, houve interação calorosa entre todos no auditório. Não houve o menor incidente. Um alto oficial do governo até sugeriu que realizássemos um evento anualmente – maior na próxima vez! Meus temores mentiram para mim. O Senhor estava no controle!

Na viagem para casa, meu amigo e hospedeiro perguntou: "Como você se sentiu na discussão?" Soltei um longo suspiro, olhei através do teto solar do carro e disse: "Estava morrendo de medo". Ele ficou admirado. "Irmão, você não pode dizer isso. Você foi tão ousado em defender e proclamar a cruz".

Louvado seja Deus, que dá ao seu povo poder de testemunhar por meio de seu Espírito Santo! Compartilhar o evangelho com muçulmanos não é diferente da obra de Paulo em compartilhar a crucificação e a ressurreição com os judeus de seus dias. De fato, há muita semelhança. E o que Paulo precisava para declarar com ousadia a verdade nós também precisamos – o enchimento do Espírito Santo. Precisamos ser cheios do Espírito Santo tão seriamente que Deus nos ordena isso em Efésios 5.18.

Quando foi a última vez que você orou ou pediu a outros que orassem em favor de sua ousadia? Em que situações da você precisa ousadia em face do medo?

Lembre a ordem de Deus: seja cheio do Espírito Santo.

COISAS A LEMBRAR

1. Você não tem de ser um superapóstolo para compartilhar o evangelho com os muçulmanos. Até o apóstolo Paulo enfrentou medo e sentiu fraqueza.

2. Por meio do Espírito Santo, temos poder e ousadia para testemunhar sobre Cristo em qualquer situação. O Espírito, que habita em nós, não nos deixará, nem nos abandonará. Ele nos dará o que precisamos para testemunharmos de Cristo.

CAPÍTULO 7

Confie na Bíblia

Não posso pensar em uma conversa com um amigo muçulmano na qual a confiabilidade e a autoridade da Bíblia não tenham sido questionadas. Em toda conversa espiritual que posso recordar, meu amigo muçulmano admitia a confiabilidade do Alcorão e rejeitava, de várias maneiras, a integridade da Bíblia.

Não culpo meus amigos muçulmanos por assumirem essa postura. A transmissão miraculosa do Alcorão é, afinal de contas, central à fé islâmica. Sem admiti-la e defendê-la eles estariam à deriva.

No entanto, o mesmo é verdadeiro quanto aos cristãos. Se não admitirmos e defendermos a confiabilidade da Bíblia, sua natureza divinamente inspirada e sua autoridade em fé e vida, estaríamos sem âncora e à deriva num mar de relativismo. Portanto, defender as Escrituras – pelo menos, admitindo a sua confiabilidade e veracidade – se torna essencial a conversas de testemunho eficaz com nossos amigos muçulmanos.

Não precisamos de conhecimento avançado de grego e hebraico para usarmos a Bíblia (embora tais conhecimentos sejam maravilhosos). Tudo que um cristão precisa para apresentar o evangelho é confiar na Escritura, e uma disposição para demonstrar essa confiança admitindo a confiabilidade das Escrituras.[1]

Designações divinas

Em junho de 2006, minha família e eu aceitamos o chamado para pastorear a Primeira Igreja Batista em Grand Cayman, nas Ilhas Cayman. Eu sei, eu sei... "sofrer por Jesus" em um lugar tão difícil de servi-lo. Gostaria de ter recebido um dólar toda vez que ouvi isso.

E a verdade é que a parte mais difícil de vir para servir ao maravilhoso povo da Primeira Igreja Batista foi a viagem para cá. Conseguimos mandar por navio a maioria dos nossos pertences diretamente de Washington DC. Mas nosso carro, tivemos de mandá-lo de Miami, o que implicou numa longa viagem desde Washington, com duas crianças novas, uma esposa grávida de cinco meses e uma parada úmida na *Disney World*, no final de julho. Fiquei dizendo a mim mesmo: *será divertido, será divertido, será divertido.*

---

[1] Tenha em mente que este não é um livro sobre apologética. Há ocasiões e lugares em que uma defesa mais completa das Escrituras é necessária. Defender a Bíblia não é a mesma coisa que proclamar o evangelho, que fazer a obra de um evangelista. Para compartilhar o evangelho, todos nós precisamos de dependência suficiente na confiabilidade das Escritura, a confiabilidade que precisamos afirmar de modo tão simples como os nossos amigos muçulmanos afirmam a confiabilidade do Alcorão.

Paramos na Carolina do Norte para visitar familiares e amigos. Enquanto estivemos em Raleigh, minha esposa e eu ficamos doentes com sintomas semelhantes aos de gripe; por isso, fomos a uma clínica para fazer uma avaliação e, talvez, receber prescrição médica. Fomos mandados a uma sala de pacientes e nos pediram que esperássemos enquanto um enfermeiro terminava os cuidados com outro paciente. Na época, eu estava lendo o livro de Chawkat Moucarry, *The Prophet and the Messias: An Arab Christian's Perspective on Islam and Christianity* (O Profeta e o Messias: Uma Perspectiva Árabe-Cristã sobre o Islamismo e o Cristianismo).

Nosso enfermeiro, Jamal, entrou na sala alguns minutos depois que me fixei em meu livro. Ele era agradável, mas podemos dizer que aquela tarde fora cheia de atividade e frustração. Jamal falou com a cadência e a ênfase de alguém do Oriente Médio, e ele realmente era de lá. Jamal nos saudou e perguntou o que eu estava lendo. Dei-lhe o título do livro e um resumo em duas sentenças.

"Oh! Realmente!", ele respondeu, "você é um estudante de religião comparativa?"

Pensei comigo mesmo: *se eu ganhasse um dólar toda vez que um apologista muçulmano me fizesse essa pergunta...* Não sentindo a designação divina, respondi um "Sim" apático e nasal.

Jamal retornou: "Por quê?"

"Bem, em parte por que sou um pastor", eu disse. E, antes que eu pudesse explicar ou oferecer uma resposta mais convincente do que "eu sou um pastor", meu novo amigo muçulmano tomou a palavra. Falou um pouco sobre a política americana internacional, a maneira como os meios de comunicação retratavam os muçulmanos, liberdade religiosa (estranhamente ele pensava que a Arábia Saudita era um lugar religiosamente mais livre do os Estados Unidos) e, às vezes, comparava o cristianismo com o islamismo.

Balancei a cabeça aqui e ali (brigando intimamente comigo mesmo pelas muitas refutações que perdi ou pelos pontos fracos que não pude explorar). Ocasionalmente, eu tentava fazer uma pergunta para manter a discussão focalizada no assunto central: Jesus. Como um muçulmano apologista, ele estava contente por expressar seus pensamentos sobre o Senhor.

Contradições bíblicas?

Logo Jamal entrou em sua história pessoal, como ele chegara a crer fervorosamente no islamismo. Sua família migrara para os Estados Unidos vindo da Jordânia; ele serviu nas forças armadas; e, como um adulto que estudava religião comparativa, ficou convencido de que o islamismo era a verdade absoluta. Em seguida, me perguntou se eu acreditava na verdade.

"Certamente", eu respondi.

Então, veio o seu trunfo. "Você sabe, a Bíblia está cheia de todo tipo de contradição. Milhares de contradições. Logo, ela não pode ser verdadeira".

Sorri e perguntei: "Você pode citar uma contradição?"

Meu amigo respondeu: "Creia em mim. Há muitas. Não posso citar uma de cabeça agora, mas tenho uma lista em casa e a compartilharei com você".

Expliquei que o Alcorão não ensinava que havia erros ou contradições na Bíblia e que, de fato, ensinava que a Torá, os evangelhos e os salmos de Davi são revelações de Deus. Mencionei duas ou três passagens que ensinam que a mensagem da Torá fora obscurecida ou ocultada por judeus na época de Maomé e uma passagem que acusa os cristãos de "esquecerem" a mensagem dos evangelhos, mas disse que, em nenhuma de suas passagens, o Alcorão afirma que a revelação de Deus foi mudada.

Insisti um pouco mais e disse ao meu novo amigo que, se ele aceitava os ensinos do Alcorão, teria de rejeitar o islamismo, porque o Alcorão afirma a Bíblia e o autêntico caráter profético de Jesus. E a Bíblia revela que Jesus é Deus, o Filho, que morreu e ressuscitou em favor dos pecados do mundo e que todos deveriam se arrepender de seus pecados e crer nele para terem a vida eterna.

O desafio de Jamal

Meu novo amigo pensou antes de oferecer sua conclusão. "Se você puder me convencer de que o que você fala é verdadeiro – e não sou uma pessoa que diz zombeteiramente 'Prove-me que Deus existe' – então, eu me converterei. Eu me tornarei um cristão. Mas ninguém deixa o islamismo porque ele é a verdade. Mostre-me uma pessoa que se converteu do islamismo, e eu me converterei".

Muito bem, você pode afirmar que sou demorado em reconhecer as designações de Deus. Mas foi somente nesta altura que eu pensei: "*Oh! Isto é uma designação divina. Deus está fazendo algo aqui*".

> *ELE OLHOU PARA MIM como se tivesse encontrado alguma criatura estranha de um filme de ficção científica.*

Quando Jamal colocou a mão na porta para deixar a sala de avaliação, perguntei se ele falava sério a respeito de querer conhecer a verdade e de se converter caso achasse uma pessoa que se convertera do islamismo e pudesse responder suas perguntas. Ele me garantiu que falava sério. Por isso, eu disse: "Sabe, você está olhando para um homem que era um muçulmano e se converteu ao cristianismo".

Pela primeira vez, Jamal ficou em silêncio. Ele olhou para mim como se tivesse encontrado alguma criatura estranha de um filme de ficção científica. "Realmente?", ele perguntou.

"Realmente", eu respondi.

Com o que parecia ser uma curiosidade genuína, ele perguntou: "Por quê?"

"Por causa das contradições do islamismo e da verdade que se acha em Jesus Cristo".

Ele pensou sobre isso por uns segundos. Gastamos os minutos seguintes verificando nossas agendas a fim de estabelecermos um tempo para uma conversa mais demorada sobre o cristianismo e o islamismo. Antes de sair, ele perguntou: "Por que você quer se reunir comigo, se é um pastor? Provavelmente, você não mudará seu pensamento, então, por que se reunir comigo?"

"Porque", eu respondi, "gostaria de vê-lo chegar à fé em Jesus Cristo e se tornar um cristão, nada mais que isso".

A viagem de mais de 1500 quilômetros desde Washington DC até Miami começou com um marido não muito entusiasmado. Mas, poucas horas depois da saída de Washington, o Senhor deixou claro que tinha outros propósitos para a viagem de carro. Um desses propósitos era conhecer Jamal, para que ele visse um cristão expressar sua confiança na Bíblia.

Não nos envolvemos numa longa competição de conhecimento bíblico ou de assuntos do Alcorão. Apenas começamos como dois homens que depositavam sua confiança na confiabilidade de seus textos sagrados – Jamal, no Alcorão; eu, na Bíblia. E o Senhor usou isso para abrir uma oportunidade para o evangelho.

Objeções muçulmanas à Bíblia: "A Bíblia tem contradições"

Alguns muçulmanos usam várias objeções à confiabilidade das Escrituras numa tentativa de enfraquecer a confiança cristã. Nenhuma das objeções oferece críticas satisfatórias e convincentes da Bíblia. E, frequentemente, nossos amigos muçulmanos estão apenas repetindo o que ouviram ou leram de líderes e literatura mulçumanos. Depois de um pouco de conversa evangelística, logo podemos identificar algumas críticas da Bíblia que são recorrentes.

A primeira é "A Bíblia tem contradições". Jamal se apoiava fortemente em, talvez, a mais popular e mais desinformada das críticas: supostas contradições. Até pessoas sem fé religiosa rejeitarão a Bíblia porque ouviram ou leram em algum lugar que ela está "cheia de contradições".

No entanto, você tem lido a Bíblia. Já achou alguma contradição? Certamente, há coisas difíceis de serem interpretadas na Bíblia. E há interpretações diferentes de textos difíceis propostas por cristãos piedosos e bem intencionados. Interpretações rivais existem em toda religião e escola de pensamento filosófico. Mas interpretações rivais não são o mesmo que contradições, nas quais uma afirmação tanto é asseverada quanto negada ao mesmo tempo. Uma contradição diria algo como: "Jesus disse que é Deus" e, depois, seguiria com: "Jesus disse que não é Deus e sim que veio para honrar a Deus". Ambas as afirmações não podem ser verdadeiras.

A Bíblia não tem contradições. O Senhor Deus não contradiz a si mesmo. Por isso, podemos expressar confiança na Bíblia simplesmente por pedirmos aos que fazem tal acusação que apresentem a evidência. Jamal não pôde formular uma contradição encontrada na Bíblia – não porque não tivesse habilidade suficiente, mas porque não há contradições na Bíblia.

Objeções muçulmanas à Bíblia: "A Bíblia foi mudada"

Jamal também sustentava a opinião popular de que a Bíblia fora mudada e corrompida no passar dos anos. Ele acreditava que, no decorrer dos séculos, os seguidores de Cristo haviam removido coisas que apontavam para a vinda de Maomé e a verdade do Alcorão. Outra vez, não há nenhuma evidência para isso. Além do mais, a responsabilidade de provar está com aqueles que fazem a acusação, especialmente porque nem o Alcorão nem o Hadith alegam claramente corrupção ou mudança na Escritura, mas alegam entendimento errado do seu conteúdo. Se a Bíblia tivesse sido corrompida, por que o Alcorão a teria confirmado seiscentos anos depois?[2]

A Bíblia é o manuscrito antigo mais confirmado na história. Com os milhares de manuscritos e fragmentos, bem como as citações dos pais da igreja primitiva que existem em diversas línguas e culturas, podemos ter confiança plena de que os escritos do Antigo e do Novo Testamento foram transmitidos de maneira confiável por aqueles que os receberam originalmente e creram em sua mensagem da parte de Deus.

Mais Objeções à Bíblia: "Jesus nunca disse isso!"

Muitas vezes, os muçulmanos insistirão que os cristãos usam apenas partes da Bíblia que registram as palavras de nosso Senhor. Eles argumentam que os escritores da Bíblia interpretaram errado os ensinos de Deus; assim, querem limitar a discussão a apenas certas porções. Frequentemente, acompanhando esta atitude para com a Escritura, há a insis-

---

[2] Para uma breve abordagem sobre este assunto, ver Moucarry, *The Prophet and the Messiah*, 44–79.

tência de que as palavras exatas estejam no próprio texto. Por isso, certa vez um muçulmano exigiu que eu lhe mostrasse onde Jesus dissera "Eu sou Deus" nestas palavras exatas. Suponho que poderíamos chamar estas pessoas de "muçulmanos de letras vermelhas".

Mas os cristãos não deveriam aceitar essa premissa, da mesma forma que um muçulmano não descartaria o Alcorão. Os muçulmanos creem que os companheiros do profeta Maomé transmitiram fielmente seus ensinos na forma escrita; e eles confiam nessa transmissão. De modo semelhante, não devemos nenhuma explicação por crermos que, sob a direção do Espírito Santo, os profetas e os apóstolos registraram os ensinos de Cristo e os ensinos sobre a pessoa de Cristo, como Deus tencionava (ver 2Tm 3.16-17; 2Pe 1.20-21). As palavras em letras vermelhas não são mais ou menos inspiradas do que as palavras em letras pretas. Os escritores das palavras em vermelho foram os mesmos das palavras em preto. Toda a Palavra de Deus é confiável e permanecerá até que tudo seja cumprido (Mt 5.18). Podemos crer seguramente: o que Paulo, Mateus ou João escreveram é a Palavra de Deus divinamente inspirada.

Contexto, Contexto, Contexto

Depois de duas chamadas telefônicas, Jamal e eu conseguimos estabelecer uma data para almoço. Ele se mostrou ansioso por nosso encontro, quando discutiríamos assuntos adicionais. Escolhemos um restaurante quieto e nos encontramos depois da oração do meio-dia.

Nosso encontro de almoço foi um tempo estimulante. Planejei começar por compartilhar com ele meu próprio testemunho de conversão, incluindo uma explicação pausada do evangelho. Quando sentei, Jamal disse: "Então, fale-me sobre a sua vida de A a Z". Porta aberta.

Contei meu testemunho de conversão e comecei a explicar, brevemente, o evangelho. Então, Jamal quis discutir a confiabilidade do Alcorão e da Bíblia. Dois dias antes, Jamal afirmara confiantemente que a Bíblia tinha milhares de erros e contradições, mas ele não pôde citar nenhuma. Nesta ocasião, ele apresentou um documento de um centro de estudos islâmicos que delineava supostas contradições, com versículos e partes de versículos tirados do contexto e entendidos com uma literalidade rígida.

Por isso, abrimos a Bíblia em cada passagem, lemos vários versículos antes e depois dos versículos contestados, discutimos seu significado e tentamos extrair dos textos as implicações quanto ao evangelho. Foi um curso breve sobre como ler as Escrituras – nada fantasioso, realmente. Quase toda crítica que Jamal tinha de uma passagem da Escritura era respondida no contexto imediato da passagem!

E, enquanto estudávamos, lembrei a Jamal as várias passagens do Alcorão que descreviam a Torá, os evangelhos e os salmos de Davi como revelação de Deus.[3] Minha pergunta foi: "Se, como você crê, a Bíblia estava corrompida no tempo da escrita do Alcorão (600 anos depois de Cristo e dos apóstolos), por que o Alcorão confirma a Bíblia?"

---

3 Ver, por exemplo, Sura 2:285; 3:93-94; 4:163-165; 5:46-48; 6:91-92; 17:55; e 21:103.

Jamal fugiu da pergunta com cenários hipotéticos e afirmações dogmáticas. Não fui capaz de ajudar Jamal a aceitar toda a Bíblia como a revelação de Deus. Mas, pela graça de Deus, ele parou de insistir em que eu não examinara toda a Escritura como fundamento sólido de minha fé. A partir desse momento, continuamos mais ou menos a discussão como se a Bíblia fosse confiável e verdadeira; e isso permitiu que a obra de evangelização continuasse mais diretamente. Depois de ler algumas poucas passagens em seu contexto, o Senhor me permitiu prosseguir em apresentar as boas-novas a Jamal.

SE CREMOS NA ESCRITURA, VAMOS USÁ-LA

Há uma maneira final pela qual os cristãos podem demonstrar sua confiança na Bíblia ao evangelizarem muçulmanos. Por abrirmos e usarmos a Bíblia, demonstramos nossa confiança na Escritura como Palavra de Deus e nossa dependência de sua mensagem ao invés da sabedoria humana. Às vezes, a melhor defesa é um bom ataque. Quando expressamos nosso argumento baseados na Escritura, indicamos implicitamente sua confiabilidade e sua autoridade.

Às vezes, os cristãos temem que defender as Escrituras ofenderá seus conhecidos mulçumanos ou não cristãos. Contudo, em minha experiência, os muçulmanos respeitam os cristãos mais profundamente quando permanecemos firmes em nossa crença na Escritura como a Palavra de Deus. Eles gostam de pensar em si mesmos como pessoas que têm uma fé inabalável no Alcorão. Por isso, um cristão supostamente fiel que não honra as Escrituras Sagradas parecerá fraco e indigno de confiança para muitos muçulmanos. Ganhamos terreno em nossa evangelização apenas por nos recusarmos a ficar embaraçados sobre as Escrituras e confiarmos que a Bíblia é a Palavra de Deus.

COISAS A LEMBRAR

1. A Bíblia é um livro digno de confiança. A maioria das objeções dos muçulmanos à Bíblia pode ser respondida simplesmente por lermos os textos em seus contextos. Sempre leia alguns versículos antes e depois do versículo ou versículos contestados, para assegurar-se de que as coisas são lidas em seu contexto.

2. Use a Bíblia em sua evangelização. Usar a Escritura demonstra sua confiança nela.

CAPÍTULO 8

Seja Hospitaleiro

"O que você acha de nossa hospitalidade?"

Essa foi a primeira pergunta que meu jovem amigo do Oriente Médio me fez logo depois de sermos apresentados. Eu estivera nos Emirados Árabes Unidos por quase dois dias, e ele queria saber como as pessoas famosas por sua hospitalidade estavam se saindo. Bastante arredondado, com uma barba densa e preta, seu rosto estampava uma mistura de orgulho referente à hospitalidade árabe e determinação para fazer alguma coisa se, por alguma razão, eu não me sentisse bem tratado.

Minha impressão imediata foi: *Uau! Nunca me perguntaram isso antes. Quantos cristãos fazem essa pergunta a estranhos que eles conhecem? A hospitalidade é uma prática perdida na fé cristã?*

Ora, eu poderia fazer certo exercício mental para desconsiderar a bondade que recebi, dizendo algo como: "Nada disso tem valor, porque eles não estão em Cristo". Mas perderia o mais importante, eu acho. Conheço *realmente* a Cristo, mas, apesar disso, tenho receio de que eu, e talvez muitos outros cristãos, não sejamos tão hospitaleiros quanto este rapaz. Em vez de tentar explicar dessa maneira, é melhor nos arrependermos do que ficarmos refletindo.

Meu inquiridor me fez essa pergunta há alguns anos. De vez em quando, ela é objeto de meus pensamentos. Quer isso proceda de meu coração orgulhoso, competitivo e pecaminoso quer de alguma convicção genuína, desejo ser mais hospitaleiro. Preciso ser mais hospitaleiro.

Isso magoa!

Conheço muitos cristãos que foram magoados por outros cristãos, membros de igrejas que, de uma maneira ou de outra, falharam em amar. Pela graça de Deus, não tenho muitos incidentes nos quais fui magoado por outros cristãos. Entretanto, uma das mais dolorosas e desconcertantes ocasiões na minha caminhada cristã envolveu a oferta e rejeição constante de hospitalidade.

Minha esposa e eu nos interessamos por um novo casal da igreja local em que éramos membros. O casal parecia estar cheio de alegria e fervor, embora tivesse dificuldades para estabelecer-se na comunidade da igreja. Como uma das poucas famílias brancas numa igreja predominantemente afro-americana, eles sem dúvida tinham seus desafios e podiam sentir as diferenças culturais. Por isso, minha esposa e eu nos esforçamos para envolvê-los na comunhão. Nós os convidamos para jantar várias noites da semana, procuramos a comunhão com eles nos finais de semana e depois dos cultos, além de nos oferecermos para realizar uma refeição de comunhão com outras pessoas da igreja com as quais eles poderiam ter contato.

Eles decidiram rejeitar todos os nossos convites. Houve desculpa após desculpa, e nós ficamos magoados.

Em retrospectiva, talvez o casal não fosse acostumado a essas iniciativas. Mas aquele encontro e a nossa pequena mágoa nos ensinaram uma lição: é doloroso não ser incluído na vida de outros, quer você seja quem oferece a hospitalidade quer seja quem espera recebê-la.

O QUE NOS IMPEDE DE MOSTRAR HOSPITALIDADE?

Não sei se a prática da hospitalidade está perdida; talvez isto seja uma estimativa exagerada. Mas ela precisa realmente de uma ressurreição, precisa ser novamente exemplificada e ensinada. Mesmo quando gostariam de fazer isso, muitas pessoas se veem hesitantes em estender hospitalidade aos outros. Entre os cristãos, quatro fatores contribuem para o declínio da hospitalidade e do exercício de generosidade para com os outros.

Individualização. Parece que algumas pessoas se sentem sobrecarregadas, incomodadas ou desinteressadas em compartilhar sua vida. Uma dureza de coração se reflete numa indisposição de se abrir para os outros, convidá-los à nossa mesa e servi-los com a bondade que o Senhor nos tem dado. Talvez mágoas passadas criem uma precaução ou um egoísmo que destrói o desejo de compartilhar. Mas, em qualquer caso, muitas pessoas pensam no viver cristão em termos exclusivamente individuais. Reduzem a fé a "um relacionamento pessoal com Jesus". Quando isso acontece, a hospitalidade sofre.

Temor do homem. Para algumas pessoas, o temor do homem exerce um papel em destruir uma cultura de hospitalidade. Isso pode assumir a forma de um temor de rejeição. Minha esposa e eu poderíamos ter facilmente nos rendido ao temor quando nossos amigos, membros da igreja, recusaram nossas ofertas de hospitalidade. Ou o temor do homem pode se expressar em embaraço ou vergonha ante à perspectiva de que teremos alguém em nossos "modestos" lares. Uma mentalidade mundana presume que, para mostrar hospitalidade, precisamos ter casas magníficas e ambientes de alto nível (pelo menos, tão bons quanto nosso vizinho ou amigo que possui todas as coisas "realmente excelentes" que cobiçamos). Assim, alguns cristãos negligenciam este ministério importante, porque estão realmente pensando em si mesmos e se comparando com o padrão errado – os outros homens caídos.

Passividade. A passividade é um terceiro fator que contribui para o declínio da hospitalidade. Podemos ser muito indiferentes em cultivar afeição significativa uns pelos outros. Esperamos que o relacionamento venha até nós. Queremos que as coisas sejam "naturais" e "sigam o seu curso" ou "se encaixem". Existe, sim, tal coisa como tentar demais, mas acho que muitos de nós estamos aquém disso. Tentamos muito pouco. Preferimos desfrutar da comodidade de ficarmos sozinhos com nossos pensamentos, interesses e amigos de algum tempo passado, como os do ensino médio ou da faculdade. Não gostamos do árduo trabalho de familiarizar-nos com outras pessoas e abrir-nos (muito menos de "bisbilhotar" a vida deles) de maneira substancial e transparente. Mas, para a hospitalidade florescer, precisamos abandonar nossa abordagem passiva de amizades.

Xenofobia. Algumas pessoas temem outras que são diferentes delas mesmas. Elas observam diferenças na aparência ou na cultura e reagem com temor e desconfiança. Transpor barreiras culturais e étnicas parece tão impossível e perigoso quanto Evil Knievel saltando o Grand Canyon em uma motocicleta a jato feita em casa. Consequentemente, muçulmanos em nossa vizinhança são ignorados em vez de aceitos, evitados em vez de entretidos. A hospitalidade é deixada de lado por causa de temor.

POR QUE DEVEMOS PRATICAR A HOSPITALIDADE?

Os muçulmanos, que praticam regularmente a hospitalidade, valorizam essas ações por parte de outros. Quando somos hospitaleiros demonstramos disposição para recebê-los como parte de nossa vida. Entretanto, mais importante do que mostrarmos hospitalidade para conquistar amigos e estabelecer uma plataforma pela qual compartilharemos nossos valores e fé, devemos praticar a hospitalidade por algumas razões bíblicas e práticas. Apresentarei quatro grandes razões para superarmos nossas fraquezas e praticarmos hospitalidade para com os muçulmanos.

Primeiro, a Bíblia ordena que os cristãos sejam hospitaleiros. "Compartilhai as necessidades dos santos; praticai a hospitalidade" (Rm 12.13). Praticamos hospitalidade porque nosso Deus soberano o exige de nós. Nossa obediência ao seu mandamento mostra que ele é Senhor de nossa vida (Lc 6.46) e que o amamos (Jo 14.15, 20). Porque a prática de hospitalidade é um ato de obediência jubilosa e amorosa, nós a oferecemos "sem murmuração" (1Pe 4.9).

Segundo, a hospitalidade nos permite cuidar de pessoas forasteiras entre nós, tratando-as com bondade e retidão. A Palavra de Deus mostra interesse especial pelos forasteiros. Porque o povo do Senhor fora forasteiro noutro país, eles deveriam mostrar compaixão para com estrangeiros em suas cidades (Êx 22.21; 23.9). Para muitos da primeira geração de muçulmanos nos Estados Unidos, há um senso de alienação e incerteza que cristãos americanos podem amenizar por convidá-los a virem a seus lares para terem refeições e atividades recreativas.

Terceiro, a Bíblia ensina que, em certo sentido, o nosso cuidado por forasteiros presta serviço ao próprio Jesus (Mt 25.34-40). Atos de misericórdia realizados em favor da "menor" das pessoas entre nós são atos prestados, em última análise, a Deus mesmo, que cuida da viúva, do órfão e do forasteiro. Há uma maneira mais prática de tornar mais tangível o amor ao perdido do que abrirmos nosso lar e nossa agenda para produzirmos intimidade e amizade?

Quarto, a hospitalidade é uma característica de maturidade e piedade cristã. Essa é a razão por que o Senhor exige que líderes de igreja (1Tm 3.2) e viúvas que recebem ajuda da igreja (1Tm 5.10) sejam hospitaleiros. Todo cristão deve aspirar servir dessa maneira, assim como nosso Senhor veio não para ser servido, mas para servir.

UMA OPORTUNIDADE ESTRATÉGICA E PRÁTICA

Os mandamentos bíblicos de servir aos outros também nos condicionam a tirar vantagem prática de oportunidades singulares. Talvez a melhor maneira dos cristãos formarem amizade com vizinhos muçulmanos que o Senhor traz à nossa porta seja hospedá-los em nosso lar. Podemos alcançar o mundo para Cristo simplesmente por falarmos com eles no jardim ou por atravessarmos a rua e convidá-los para que venham à nossa casa.

Muito crescimento islâmico, em lugares como os Estados Unidos, começa com um pequeno gotejamento de imigração. Seguidores do islamismo entram na América como "forasteiros", geralmente sem família ou amigos. Eles vêm como estudantes internacionais ou como trabalhadores que buscam oportunidades. Quando os muçulmanos chegam e têm poucas pessoas de quem podem depender, os cristãos têm uma oportunidade estratégica de estender uma mão de boas-vindas, de hospitalidade, falando com eles sobre o evangelho. No entanto, a maioria das pessoas de outros países em lugares como os Estados Unidos nunca entraram num lar americano.

Ridwan e eu nos tornamos amigos quando trabalhávamos num projeto em Washington DC. Embora quase 20 anos nos separassem em idade, apreciávamos a companhia um do outro. Ridwan, o mais velho, fugira do Irã com sua família durante a subida do aiatolá Khomeini ao poder, em 1979. Depois de algumas estadias em vários lugares, eles imigraram aos Estados Unidos. A vida nos Estados Unidos desnorteou toda a família, especialmente seus pais, que sentiram o estonteante ritmo da vida americana e inquietude com muitos padrões culturais americanos. Enfrentaram muitas dificuldades, sendo vistos com suspeita por muitos americanos que sabiam alguma coisa a respeito de contextos religiosos e étnicos; e nem sempre achavam aceitação com os muçulmanos que sustentavam visões políticas diferentes. Ridwan lembrou-se de como eles se sentiam como estrangeiros numa terra estranha, sem alguém para ser amigo ou guiá-los.

Muitos muçulmanos continuam a sentir-se desta maneira até que acham comunhão com outros muçulmanos. Frequentemente, os cristãos se mantêm distantes quando observam o estrangeiro; depois, lamentam quando as comunidades muçulmanas se tornam aparentemente impenetráveis. Devemos receber bem os estrangeiros desde o começo. Podemos convidá-los para que venham ao nosso lar e aos eventos de nossa vida. Devemos trabalhar, com oração, para colocar-nos no meio dessas comunidades à medida que se formam e desenvolvem. Se já houve um tempo em que devemos "envolver-nos desde o começo", esse tempo é agora.

Para testemunhar aos muçulmanos, devemos nos colocar no caminho de vizinhos e amigos muçulmanos. Podemos fazer isso esperando-os nas ruas e surpreendendo-os com folhetos e pregação em voz alta quando passarem. (Por favor, não façam isso!) Ou podemos usar o que o Senhor nos tem dado: sala de visita, mesa de cozinha, alimentos, bebidas, passeios comunitários e celebrações familiares para convidarmos amigos muçulmanos a experimentarem hospitalidade cristã. Ao fazermos isso, podemos provar e ver "que o SENHOR [Jesus] é bom" (Sl 34.8).

Como disse um autor: "Não é por obrigação que devemos alcançar os muçulmanos, e sim por amizade. Temos o direito e o poder dados por Jesus Cristo para sermos as pessoas mais benevolentes e generosas do mundo, pessoas que buscam não a sua própria felicidade, mas que colocam sua felicidade em fazer o bem aos outros".[1]

A HOSPITALIDADE CRISTÃ EM AÇÃO

Aqueles que praticam hospitalidade, desde os gestos mais simples até os mais generosos, descobrem que o Senhor geralmente usa essas atitudes para produzir fruto espiritual. Alguns exemplos nos ocorrem.

Kendria é uma amiga que trabalha em um programa de Inglês como segunda língua (ESL) em uma grande cidade. Ela fez amizade com um supervisor em seu trabalho, ouvindo pacientemente suas críticas sobre os cristãos e o cristianismo. Depois de ouvir as opiniões dele por algum tempo, um dia ela ficou im-

---

[1] Shirin Taber, *Muslims Next Door: Uncovering Myths and Creating Friendships* (Grand Rapids: Zondervan, 2004), 114.

paciente e o atacou com palavras. Quase imediatamente depois, Kendria sentiu que Deus a estava convencendo de seu pecado contra o colega de trabalho. Por isso, numa manhã, ela foi até o escritório dele e pediu perdão pelo pecado contra ele. Seu colega de trabalho ficou chocado com o pedido de perdão feito por ela. Eles tiveram uma conversa agradável, e, no final, Kendria teve coragem de convidar aquele colega de trabalho masculino para ir à igreja. Para sua surpresa, ele concordou em ir.

Kendria mostrou a igreja muito fielmente para seu amigo, orientou-o no culto da manhã e o apresentou a vários amigos. Sua humildade e hospitalidade, e a bondade da igreja, foram um testemunho brilhante que refutou algumas das opiniões daquele homem sobre os cristãos.

Karen trabalha com alunos internacionais que vivem agora nos Estados Unidos. Numa reunião de oração em sua igreja, ela compartilhou que a grande maioria de alunos internacionais nunca entram numa casa de americanos durante o tempo que passam nos Estados Unidos. Uma iniciativa de alunos universitários estima que 80% dos alunos internacionais nunca interagem significativamente com americanos.

Mas Karen combina graciosa e sabiamente seu trabalho no ESL com hospitalidade cristã. Ela organiza atividades do curso em sua igreja, envolve membros da igreja como tutores e hospedadores para os alunos internacionais e organiza passeios e reuniões ocasionais em que alunos internacionais e cristãos podem interagir. Certa vez, ela convidou alguns alunos para assistirem a um casamento cristão e os expôs à hospitalidade e relacionamentos cristãos na recepção que seguiu a cerimônia. Amizade e oportunidades para o evangelho surgiram a partir da prudência de Karen.

Stephanie, uma estudante de medicina proveniente de um contexto hindu, se converteu ao Senhor durante um culto de Ceia do Senhor em sua igreja local. Cheia de alegria em Cristo, ela compartilhou sua fé, esperança e amor por Cristo com uma colega de quarto muçulmana. Algum tempo depois, Stephanie convidou sua colega de quarto a ir à igreja com ela. Muitos de seus irmãos e irmãs em Cristo ficaram surpresos em ver uma mulher muçulmana, com vestes tradicionais, frequentando a igreja naquele domingo de manhã. Mas reagiram com muita bondade e hospitalidade, ajudando Stephanie a fortalecer seu relacionamento com a colega.

Há alguns anos, fui convidado a falar na Convenção de Missões Mundiais em Bangor, na Irlanda do Norte. Enquanto estive ali, minha esposa e eu recebemos a mais calorosa hospitalidade e ofertas de amizade que já conhecemos. Os crentes da Irlanda do Norte foram bondosos para conosco, e a sua hospitalidade se expressou em interesse evangélico por pessoas muçulmanas. Uma noite, durante a convenção, uma senhora idosa se aproximou de mim com um rapaz levemente nervoso e desconcertado que a acompanhava. Ela convidara o amigo muçulmano para aquele evento e depois apresentou a si mesma e ao seu amigo. Com graciosidade e amor, ela compartilhou comigo alguns detalhes de sua própria vida e fé e depois passou a conversar com o rapaz muçulmano.

> *OS CRISTÃOS DEVEM estar prontos para acolher em casa e cuidar dos novos crentes que vêm de contexto muçulmano.*

Antes de acabarem os nossos dez minutos, o Senhor havia colocado dois novos amigos em minha vida e plantado, esperançosamente, as sementes para uma futura conversa sobre o evangelho com o nosso amigo muçulmano. A hospitalidade daquela senhora, demonstrada em convidar o rapaz que vivia num país estrangeiro sem qualquer amizade espiritual, pode resultar em vida eterna. Tenho orado por isso.

Embora muitos dos exemplos citados não mencionem conversões espetaculares, elas realmente acontecem. E, quando acontecem, nossa hospitalidade não acaba – está apenas começando, em muitos casos. Visto que alguns muçulmanos vêm de famílias que os rejeitarão por causa da fé em Cristo, os cristãos devem estar prontos para acolher em casa e cuidar dos novos crentes que vêm de contexto muçulmano.

John pastoreia uma igreja local num país predominantemente muçulmano. A extensão e a profundidade da sua hospitalidade foi testada quando uma moça se arrependeu de seus pecados e creu na obra de Jesus como seu substituto e salvador. Depois de experimentar a graça de Deus em Cristo, sua família a tratou como se estivesse morta. John e sua família tomaram esta moça e a receberam em casa como parte de sua própria família. O lar de John se tornou o lar dela, e a família da igreja se tornou a família dela. Por meio do amor e do cuidado dos irmãos da igreja, Cristo deu a esta moça irmãos e irmãs, pais e mães cem vezes mais do que aqueles que ela perdera por amor a ele.

Mulheres alcançando mulheres
Somente para mulheres: hospitalidade para mulheres muçulmanas

Mulheres têm uma oportunidade que homens nunca têm no que diz respeito a hospitalidade. A maioria das mulheres muçulmanas terá contato social significativo apenas com outras mulheres e homens de suas famílias. Um grande esforço para proteger a modéstia e a segurança das mulheres muçulmanas, para mantê-las afastadas dos homens em geral, é feito.

Conversas com homens seriam indesejadas e ineficazes. Entretanto, as oportunidades para mulheres cristãs podem ser abundantes. Se você é uma mulher cristã, incentivo-a a reconhecer o papel singular que você pode desempenhar em alcançar mulheres muçulmanas. Comece desenvolvendo amizades e mostrando hospitalidade.

Muitas mulheres muçulmanas conhecerão poucas pessoas fora de suas próprias famílias; portanto, estabelecer relacionamentos pode ser demorado e difícil. Conheço duas esposas e mães piedosas que trabalham com seus maridos no Oriente Médio. Leanne e Keri compartilham da visão de seus maridos: ver pessoas muçulmanas conhecendo o amor e a graça de Deus por meio de Jesus Cristo. Elas são membros fiéis de suas igrejas locais. E estão comprometidas com seu papel singular de compartilhar o evangelho com mulheres muçulmanas.

Nos Estados Unidos, mulheres enfrentam o mesmo desafio – leva tempo para desenvolver amizades e um relacionamento aberto e confiável. Mas, humanamente falando, o principal acesso que mulheres muçulmanas na América terão ao evangelho poderá ser as mulheres cristãs que graciosamente fizerem amizade com elas. E essas amizades incluem hospitalidade.

Este capítulo ressalta a importância de sermos hospitaleiros. A hospitalidade cria oportunidades. Em muitos casos, convidar uma mulher muçulmana para tomar chá e uma conversa provê uma oportunidade segura para dialogar e conhecer uma à outra. Idealmente, isto pode ser feito uma a uma, quando os homens estão fora do lar. Mulheres que trabalham no lar podem ter mais flexibilidade para este aspecto de ministério a mulheres muçulmanas.

Shirin Taber oferece um conselho maravilhoso sobre receber mulheres muçulmanas em nosso lar: "Quando for a sua vez de convidar Shandiz e Mitra ao seu lar, faça a primeira impressão valer a pena. Sua mesa de café deve ter uma abundância de iguarias ou comidas de festa, como docinhos, nozes, frutas e chips. Ofereça aos seus convidados xícaras de chá ou café, insistindo em que tomem outra xícara, visto que o costume muçulmano é recusar educadamente a primeira oferta. Sempre sirva seus convidados primeiro (uma bandeja de biscoitos doces ou duas à mesa de jantar) antes de servir a si mesmo. Mostre-lhes amor abundante. Faça que se sintam como um rei ou uma rainha".[2]

---

2 Ibid., 96.

Conhecer os costumes muçulmanos mostra que você é sensível e pensa nas outras pessoas. Assim como os ocidentais têm dificuldade para entender estereótipos de mulheres muçulmanas, os homens e as mulheres muçulmanas têm dificuldade para entender estereótipos de mulheres ocidentais. Muitos muçulmanos não se sentem à vontade com os padrões de vestes ocidentais. Às vezes, tenho ficado embaraçado em ver homens e mulheres ocidentais vestidos com pouca roupa em contextos predominantemente muçulmanos, onde a modéstia envolve usar encobrimento completo. E, sendo honesto, a imodéstia é um problema até para muitas mulheres cristãs.

Mulheres, à medida que procuram alcançar conhecidos muçulmanos e seus familiares, assegurem-se de estar bem vestidas, com bom gosto. Usem vestes que poderiam usar na igreja ou em algum encontro formal. A sua modéstia recomendará o evangelho (1Pe 3.4-5) e ajudará outras a sentirem-se à vontade com vocês.

Além disso, assegurem-se de que seus filhos se vistam com modéstia. Os muçulmanos acreditam que os filhos são um reflexo de seus pais. A falta de modéstia dos filhos trará descrédito a seus pais. Moças adolescentes devem ter cuidado especial para se vestirem de maneira que transmitam respeito por si mesmas e pelos outros, evitando aparato provocativo. Shorts e camisetas sem mangas, bem como jeans esfarrapados, podem distrair, até desanimar nossos convidados muçulmanos.

O Senhor pode permitir que você apresente sua amiga muçulmana a um círculo maior de mulheres cristãs. Faça isso enquanto sua amiga lhe dá oportunidade e mostra alegria. Durante a faculdade, Stephanie compartilhou um apartamento com Sharifa, uma jovem muçulmana. Viverem tão perto proporcionou muitos momentos de intimidade e fortalecimento das relações pessoais. À medida que Stephanie vivia a sua fé, Sharifa se sentia mais confiante tanto com Stephanie quanto com seus amigos cristãos. Por fim, Sharifa se sentiu tão segura com Stephanie e seus amigos que pôde ir à igreja, onde ouviu com clareza a pregação do evangelho.

Você é hospitaleiro?

Na Escritura, Deus estabelece com muita clareza sua ordem para mostrarmos hospitalidade. Nossa generosidade provê oportunidades de vivermos o evangelho na prática, de maneiras significativas. Em Cristo, Deus aproximou aqueles que estavam longe (Ef 2.13) e fez de inimigos alienados seus próprios filhos (Rm 5.6-10). Quando abrimos nossa vida e nosso lar para outros que estão entre nós, imitamos a bondade e o amor de Deus (Ef 5.1).

Você mostra hospitalidade aos outros? Ajuda os que estão em necessidade? O seu lar é aberto para os "estrangeiros" e "forasteiros" em sua vizinhança? Quem Deus colocou em seu caminho para que o amor de Cristo seja visto em sua recepção e cuidado afável? Ao nosso redor, há oportunidades de tornarmos Cristo conhecido aos nossos amigos muçulmanos. Você está pronto para aproveitar essas oportunidades para o Senhor?

COISAS A LEMBRAR

1. Deus manda o seu povo ser hospitaleiro. Por sermos hospitaleiros, o Senhor abre inúmeras oportunidades de amizades e evangelização.

2. A maioria dos imigrantes aos Estados Unidos nunca entram num lar americano ou num lar cristão. Servir aos estrangeiros e àqueles que estão em necessidade é uma maneira de servir ao Senhor.

CAPÍTULO 9

Use Sua Igreja Local

O *diálogo cristão-muçulmano* terminou com grande energia. Muito fora dito, e a audiência ainda tinha perguntas e comentários.

Enfrentamos uma bateria de perguntas durante a sessão formal de perguntas e respostas antes de terminarmos a discussão. Quando a audiência começou a sair, algumas pessoas vieram à frente para conversar mais. Embora a pergunta já tivesse sido feita na sessão de perguntas e respostas do programa, Farhud a fez novamente: "Por que os cristãos são tão imorais?"

Em sua experiência, os cristãos viviam de maneiras que nenhum muçulmano respeitaria como honráveis a Deus. "Por que os cristãos bebem, fumam, têm sexo fora do casamento e muitas outras coisas?", ele perguntou.

Cercado por um pequeno grupo de inquiridores, pude dizer que Farhud não era o único que tinha essa preocupação. Cabeças acenaram concordando quando as pessoas se inclinaram para ouvir a resposta.

A Igreja está cheia de hipócritas?

Sendo honesto, devo dizer que houve um tempo em que me senti da mesma maneira como Farhud se sentiu. Pelo que lembro, os cristãos que eu conhecia eram todos hipócritas, pregavam um alto padrão de moralidade e viviam aquém dele, impondo aos outros seus valores, mas não cuidando em observá-los. Eu costumava pensar que os cristãos estavam todos vivendo versões do poema clássico de Laurence Dunbar, "Usamos a Máscara":

> *Usamos a máscara que sorri e mente,*
> *Oculta-nos a face e encobre-nos os olhos,*
> *Pagamos esta dívida à astúcia humana;*
> *De coração partido e sangrado, sorrimos,*
> *E a boca repleta de inumeráveis sutilezas.*
>
> *Por que deveria o mundo ser sábio demais*
> *Em contar todas as nossas lágrimas e suspiros?*
> *Não, que eles nos vejam apenas enquanto*
> *Usamos a máscara.*
>
> *Sorrimos, mas, ó Cristo, nossos clamores*
> *A ti se elevam de nossas almas torturadas.*

Nós cantamos, mas, oh! é vil o barro
Sob os nossos pés, e através do percurso.
Oh! que o mundo pense de outro modo!
Usamos a máscara.[1]

O poema de Dunbar, publicado originalmente em 1896, descrevia a estratégia de muitos afro-americanos que enfrentavam a angústia de viverem numa América segregada. Exteriormente, eles exibiam uma máscara de sorriso, mas, interiormente, clamores se erguiam de "almas torturadas". Para mim, isso parecia uma boa descrição de pessoas da igreja. Antes de me tornar cristão, suspeitava que as igrejas estivessem cheias de hipócritas.

> *EVITAR A HIPOCRISIA não é uma questão de moralidade e de cumprir regras; é primariamente uma questão de renovação sobrenatural, que produz uma vida nascida de novo.*

Então, me tornei cristão e descobri que Farhud e eu estávamos certos: as igrejas estão cheias de hipócritas. No entanto, descobri quatro coisas que eu não sabia antes.

Primeira, a maioria dos cristãos que estão nas igrejas lamentam por suas próprias falhas. A "hipocrisia" deles, frequentemente, reflete sua fraqueza e não impiedade. Eles lutam contra sua carne e pecado, ansiando serem conformados à semelhança

---

[1] Paul Laurence Dunbar, *The Collected Poetry of Paul Laurence Dunbar*, ed. Joanne M. Braxton (1913; repr., Charlottesville: Univ. Press of Virginia, 1993).

de Cristo. Eu podia ver a fraqueza antes, mas agora posso ver também o coração. Eu não conhecia, a partir do exterior, o esforço espiritual que existia no interior da igreja. E esse esforço supera em muito qualquer resistência ao pecado que eu pude ver fora da igreja.

Segunda, aprendi que a "hipocrisia" dos cristãos era muito menos perigosa do que a hipocrisia de não cristãos. Qualquer que seja a fraqueza que deturpe o testemunho dos cristãos, ela é benigna se comparada ao engano e à maquinação intencionais de pessoas que amam seu pecado e são escravizadas a ele. A hipocrisia vingativa daqueles que estão fora da igreja prejudica, mutila e destrói muito mais eficiente, eficaz e completamente do que qualquer hipocrisia existente nas igrejas cristãs.

Terceira, aprendi que os cristãos lutam contra a hipocrisia porque amam seu Salvador, que morreu em favor da hipocrisia deles. O evangelho fala da hipocrisia de uma maneira que o islamismo e as filosofias seculares jamais poderiam fazer. Cristo morreu por hipócritas e, por sua graça, os transforma em filhos da justiça. Evitar a hipocrisia não é uma questão de moralidade e de cumprir regras; é primariamente uma questão de renovação sobrenatural, que produz uma vida nascida de novo. O que parecia felicidade superficial e fingida, que encobria profundo desespero e falta de retidão, era alegria genuína por ter sido perdoado de todas as transgressões. Os cristãos não estavam usando máscaras; antes, estavam se deleitando na vitória e liberdade achadas no perdão de Jesus.

Finalmente, tornou-se claro para mim que Farhud e eu confundíamos cristãos com ocidentais. Muito da preocupação muçulmana com o modo como os "cristãos" se comportam resulta do fato de igualarmos o cristianismo com a cultura ocidental. A maioria dos muçulmanos não compreende que os cristãos sentem angústia por causa de filmes de Hollywood, pela imodéstia, promiscuidade, bebedeira, violência, misoginia, cultura jovem licenciosa e outros males sociais. Essas coisas não são a fé cristã. Além disso, muitos muçulmanos professos que vivem em países com grande liberdade também participam desses males. A igreja tem suas falhas, mas ela não deve ser culpada das produções pecaminosas de uma cultura caída, assim como os muçulmanos não devem ser culpados das ações terroristas de alguns poucos indivíduos.

A igreja está cheia de *hipócritas transformados* que *foram redimidos* de sua hipocrisia pelo amor de Deus em Cristo Jesus. Portanto, expor nossos amigos muçulmanos à verdadeira igreja não obstrui, mas, em vez disso, ajuda os nossos esforços de tornar o evangelho mais claro para eles.

A IGREJA LOCAL E A EVANGELIZAÇÃO

A igreja local funciona como uma cooperativa propagadora do evangelho. De fato, isso parece ser o que o apóstolo Paulo tinha em mente quando louvou a Deus pela igreja em Filipos, que participou ou cooperou com ele no evangelho (Fp 1.4-5). Mesmo quando Paulo estava preso, os cristãos de Filipos continuaram a obra de divulgar o testemunho de Jesus.

De modo semelhante, quando estamos de alguma maneira limitados em nossos esforços evangelísticos, nossos irmãos e irmãs em Cristo podem ser usados pelo Senhor para levar sua mensagem aos nossos amigos muçulmanos. Essa evangelização cooperativa pode expressar a verdade sobre a missão de Jesus até quando nos achamos sem palavras. Precisamos de palavras para comunicar o evangelho, mas transmitir essas palavras deve ser estabelecido como o alvo mais precioso da igreja local.

Quando a igreja local vivencia a fé e a vida em Cristo, ela testemunha a verdade do evangelho de maneiras que indivíduos não podem fazer. Joshua Harris deixa isto claro quando escreve:

> A coisa que uma congregação local faz melhor é mostrar aos nossos vizinhos não cristãos que a *nova vida* disponível por meio da morte de Jesus na cruz, é, também, o fundamento para uma *nova sociedade*. Por viver o evangelho como uma comunidade distinta, a igreja local realiza a importante missão de manifestar os efeitos transformadores do evangelho para que o mundo os veja. Outros não serão capazes de ver este retrato enorme se permanecermos afastados uns dos outros e seguirmos nossos caminhos separados.[2]

Harris apresenta um argumento eloquente sobre a necessidade de tornar-se membro na igreja local e a centralidade da

---

2 Joshua Harris, *Stop Dating the Church* (Sisters, OR: Multnomah, 2004), 47–48.

igreja local em nossa evangelização. Longe de ser uma instituição que deve ser criticada e envergonhada, a igreja manifesta a beleza encantadora do evangelho como nada mais na terra. Vemos isto em pelo menos três maneiras.

Amor na igreja local esclarece como é o verdadeiro discipulado

O cristianismo contemporâneo tende a ver a obra de evangelização em termos de um método pessoal de convencer os outros a "tomarem uma decisão" de seguir a Cristo. Não é meu propósito aqui fazer uma resenha de métodos de evangelização empregados por organizações ou indivíduos. Mas espero ressaltar algo que se perdeu em muito do que tem sido escrito sobre a prática da evangelização: a igreja local.

Parece claro que Jesus tenciona que a igreja local seja uma ajuda, e não um obstáculo, para testemunharmos aos outros. Em João 13.34-35, o Senhor diz: "Novo mandamento vos dou: que vos ameis uns aos outros; assim como eu vos amei, que também vos ameis uns aos outros. *Nisto conhecerão todos que sois meus discípulos: se tiverdes amor uns aos outros*" (ênfase acrescentada).

Observe que o Senhor deseja que o amor compartilhado entre os discípulos cristãos seja tão radical e tangível que "todos" sejam capazes de perceber que somos seguidores de Jesus. O amor distingue os genuínos discípulos de Cristo da "cultura cristã" ou do legado de sociedade ocidental. Uma comunidade de amor que transpõe distinções étnicas, culturais e etárias testemunha poderosamente da verdade do evangelho.

A UNIDADE DA IGREJA LOCAL REVELA QUE CRISTO VEIO

Em sua oração sumo sacerdotal, nosso Senhor orou ao Pai em favor de todos aqueles que creriam nele. Uma das principais coisas em favor das quais Jesus orou naquele dia foi a unidade de seus seguidores:

> Não rogo somente por estes, mas também por aqueles que vierem a crer em mim, por intermédio da sua palavra; a fim de que todos sejam um; e como és tu, ó Pai, em mim e eu em ti, também sejam eles em nós; para que o mundo creia que tu me enviaste. Eu lhes tenho transmitido a glória que me tens dado, *para que sejam um, como nós o somos; eu neles, e tu em mim, a fim de que sejam aperfeiçoados na unidade, para que o mundo conheça que tu me enviaste e os amaste, como também amaste a mim* (Jo 17.20-23 – ênfase acrescentada).

O islamismo dá muita importância à sua afirmação de ser uma religião universal. Os muçulmanos se gloriam das muitas pessoas diferentes que praticam a fé islâmica.

No entanto, nessa passagem, Jesus ora não apenas por universalidade exterior, mas por uma unidade espiritual permanente. Ele pede que todos os seus seguidores experimentem uma unidade semelhante à que ele compartilha com o Pai. Jesus tenciona que a unidade espiritual cristã expresse certas verdades ao mundo; deve dizer ao mundo que o Pai enviou o Filho.

Quando nos esforçamos para manter a unidade na igreja (Ef 4.3), quando vivemos a realidade efetuada por Cristo na cruz (Ef 2.14-18), enviamos uma mensagem poderosa a um mundo espectador. Dizemos: "Jesus veio da parte do Pai. O Pai ama o seu povo como ama o seu Filho". Os muçulmanos precisam conhecer essa mensagem e precisam vê-la na unidade de nossas igrejas locais.

A Igreja local revela a sabedoria de Deus

Mesmo entre muitos cristãos, entretanto, a igreja tem uma reputação difamada. Suas fraquezas e imperfeições recebem a maior atenção, enquanto suas virtudes e poder permanecem não utilizadas. Como cristãos, precisamos resgatar algo do esplendor e da majestade da igreja, que consiste do povo redimido de Deus.

Com todos os seus problemas, a igreja ainda traz louvor e glória a Deus. O apóstolo Paulo ressaltou que a igreja revela um mistério oculto nas eras passadas – que judeus e gentios devem ser coerdeiros e membros do mesmo corpo. O apóstolo escreveu que por meio da igreja "a multiforme sabedoria de Deus" se torna "conhecida, agora, dos principados e potestades nos lugares celestiais" (Ef 3.6, 9-10). A razão por que ele pregava o evangelho, conforme ele mesmo disse, era declarar "a multiforme" – diversificada, variegada – sabedoria de Deus manifesta ao mundo por meio da igreja.

Todos os tipos de sabedoria de Deus são exibidos a todos os poderes na esfera espiritual por meio da igreja. Você sabe o que os anjos, os homens redimidos e até os demônios – que se opõem ao plano de Deus – devem dizer quando olham para a igreja, criação de Deus? Eles devem clamar: "Sabedoria! Sabedoria inquestionável e gloriosa! Ó Deus, tu és tão sábio!"

Você já teve a experiência de seus filhos ou netos lhe trazerem uma figura que eles mesmos desenharam ou uns rabiscos que fizeram na escola? Eles chegam realmente orgulhosos de sua criação. E dizem em voz alta: "Mamãe, papai (vovô, vovó), vejam o que eu fiz!" O pai ou o avô amoroso olha para a figura, sorri e coloca a mão cordial no ombro da criança, dizendo: "Esta é uma linda girafa". A criança olha para você e diz: "Não, é um retrato da família em férias".

Esse é um dos momentos preciosos que os filhos nos proporcionam. Quando acontece, fingimos que reconhecemos "a família". Não querendo desanimar o aspirante a Rembrandt, concluímos: "Esse é um lindo retrato da família". Então, nós o penduramos na porta da geladeira. Somos condescendentes às crianças e lhes oferecemos encorajamento por causa do potencial que esperamos desenvolver nelas. Nós as amamos, por isso falsificamos um pouco a verdade.

No entanto, quando Deus pendura a igreja na porta da geladeira do universo, ninguém é condescendente para com ele, dizendo: "Bem, você tem potencial". Todos – tudo – anjos caídos e anjos santos – olham para a igreja, criação de Deus, sua recriação de pecadores e rebeldes, e dizem: "Uau! que manifestação indescritível de sabedoria!"

Quando vemos a igreja, nossa reação deve ser respeito e temor. Deus se tornou o nosso Deus e nos tornou seu povo. Em vez de criticarmos e menosprezarmos a igreja, devemos clamar: "Oh! meu Deus!", não em vão, mas em temor, admiração e amor, porque somente ele poderia criar tão bela exibição e somente ele tem sabedoria para fazê-la.

USE SUA IGREJA LOCAL

Tudo isso significa que tornar-se membro e envolver-se em uma igreja local torna a obra de evangelização significativamente mais fácil. Manifestar o amor cristão se torna mais fácil quando vivenciamos a fé com pessoas que são diferentes de nós, em vez de tentarmos evangelizar sozinhos ou em pequenos grupos de pessoas que têm o nosso mesmo contexto social.

De modo semelhante, a unidade cristã torna mais fácil demonstrarmos que nossas afirmações sobre Jesus não são excentricidades individuais. Seguimos a Jesus não porque somos pessoas esquisitas, e sim porque ele é Senhor de tudo, e nossa unidade em meio a barreiras naturais revela isto.

Como podemos usar nossa igreja local de maneira eficaz no esforço de apresentar amavelmente Jesus Cristo aos nossos amigos muçulmanos?

- Convide seus amigos muçulmanos a irem com você aos cultos e a outras reuniões da igreja. Não se renda à falsa ideia de que muçulmanos não se interessarão por ir à igreja. Alguns não se interessarão, mas muitos, sim. Convide-os repetidas vezes. Tenha confiança de que o Senhor usará seu povo para comunicar a verdade sobre Jesus.

- Comece um grupo de oração com amigos na igreja. Evangelização e conversão exigem nossas orações mais fervorosas. Reuniões regulares com outros para falarmos sobre oportunidades de testemunho e rogarmos a bênção do Senhor nos dão o poder que nosso coração precisa e nos faz ousados em compartilhar o evangelho.

- Ore pela pregação do evangelho em sua igreja local. Seu pastor precisa das orações de seu povo. Peça a Deus que a Bíblia tenha um impacto duradouro na alma das pessoas e que o Senhor abençoe a pregação com poder para salvar os perdidos.

- Organize eventos sociais com amigos de sua igreja que incluam amigos muçulmanos. Considere um chá de Natal no qual alguém compartilhe brevemente o evangelho e, talvez, uma palavra de encorajamento. Organize um passeio depois de um culto matutino de domingo. Convide não cristãos para o culto e o passeio. Assegure-se de discutir o culto e responder perguntas que possam surgir. Comece um estudo bíblico evangelístico especificamente para muçulmanos, envolvendo também outros irmãos da igreja.

A IGREJA ADORNA O EVANGELHO

As maneiras pelas quais podemos usar nossas igrejas para adornar o evangelho são inúmeras. E devemos usar o testemunho coletivo da igreja local porque Deus nos revela muito a respeito de si mesmo e de seu Filho por meio das congregações locais. Quando os cristãos vivem juntos, usando seus dons espirituais, a graça de Deus é ministrada ao seu povo (1Pe 4.10). Em todos os nossos esforços evangelísticos, precisamos novos suprimentos da graça de Deus para capacitar-nos a perseverar e trabalhar com zelo até que ele venha. Essa graça vem a nós por meio da igreja.

A igreja é coluna e baluarte da verdade (1Tm 3.15). De domingo a domingo, pastores fiéis guiam suas assembleias na celebração da verdade, quando os cristãos cantam, oram e pregam a Palavra de Deus. Isso faz da igreja local uma aliada incrível em nossos esforços para propagar o evangelho. Como Charles Bridges observou:

> A igreja é o espelho que reflete toda a refulgência do caráter divino. É o grande palco em que as perfeições de Jeová são mostradas ao universo. As revelações feitas à igreja – os grandes eventos sucessivos em sua história e, acima de tudo, a manifestação da "glória de Deus na pessoa de Jesus Cristo" – fornecem até às inteligências celestiais novos assuntos de contemplação adoradora.[3]

---

3 Charles Bridges, *The Christian Ministry* (Edinburgh: Banner of Truth Trust, 2005), 1.

COISAS A LEMBRAR

1. A igreja local é o plano de Deus para demonstrar sua sabedoria e amor a um mundo caído. Consequentemente, todo cristão deveria ser um membro ativo de uma igreja local.

2. A igreja local provê oportunidades de participarmos, com outros crentes, da obra de tornar o evangelho conhecido aos nossos amigos muçulmanos. Não temos de fazer sozinhos a obra de evangelização.

CAPÍTULO 10

Sofra Por Causa do Nome

Depois dos atos terroristas de 11 de setembro de 2001 contra o *World Trade Center*, em Nova Iorque, e o Pentágono, um famoso apresentador de *talk show* cristão se meteu em dificuldades por elogiar o que ele interpretou como um tipo de coragem nos terroristas responsáveis pelo ataque. Ele elogiou o compromisso dos terroristas em morrer por causa do islamismo.

As palavras desse apresentador foram imprudentes e magoaram muitas pessoas afetadas por aqueles atos detestáveis. Ainda assim, o que o comentador tentou destacar é digno de observação: alguns muçulmanos parecem dispostos a sofrer grandes coisas pelo islamismo. Em contraste, muitos cristãos parecem indispostos a sofrer por Cristo.

O PODER DA *JIHAD* ISLÂMICA

Por que tantos muçulmanos parecem dispostos a sofrer pelo nome de Allah? A resposta principal é a crença na *jihad*, que, literalmente, significa "esforçar-se" ou "lutar". Geralmente, esse esforço por parte dos muçulmanos tem dois propósitos: promover a piedade individual (a oração, o jejum, etc.) ou promover e defender o islamismo. Os muçulmanos moderados tendem a enfatizar os aspectos espirituais da *jihad*, enquanto os militantes pensam nela em termos de luta e conquista armada. Em ambos os casos, a doutrina da *jihad* influencia a prática de muitos muçulmanos. Muitos se sacrificam espontaneamente para promover o islamismo e ganhar as recompensas do paraíso. Lutar e morrer na causa do islamismo é a única coisa que garante o paraíso para o muçulmano.

Mais de uma década depois dos ataques impressionantes de 11 de setembro, nossos aparelhos de TV ainda exibem com regularidade vídeos de homem barbudos portando armas automáticas e imagens do líder da Al-Qaeda caminhando pelas rústicas colinas do Afeganistão. Cenas históricas das Torres Gêmeas fumegando e caindo evocam a memória de vidas perdidas e do desastre repentino. E a palavra *jihad* se tornou uma parte regular do linguajar americano, equivalente àquelas imagens e ataques.

O LUGAR DO SOFRIMENTO CRISTÃO

Embora nossas televisões transmitam imagens de islamismo militante e de jovens *jihadistas* preparados para matar e morrer pela causa, as mesmas televisões transmitem programas cristãos, que exibem pregadores exaltando as "bênçãos" da prosperidade material, da luxúria e do conforto. Estes programas definem a vida cristã não em termos de sacrifício, luta ou como o caminho estreito, mas em termos de riqueza, possessões e viver sem problemas. E, como consequência desse ensino apresentado na televisão – e em algumas igrejas –, muitos perderam qualquer senso de que seguir a Jesus tem um custo. Além disso, a abundância de material na América deixa muitos cristãos acomodados com o que possuem e hesitantes em sofrer pelo evangelho.

O resultado é que o sofrer por Cristo não tem lugar no pensamento de muitos cristãos.

No entanto, referências à certeza do sofrimento para aqueles que seguem a Jesus são abundantes no Novo Testamento:

> Se alguém quer vir após mim, a si mesmo se negue, tome a sua cruz e siga-me. Porquanto, quem quiser salvar a sua vida perdê-la-á; e quem perder a vida por minha causa achá-la-á (Mt 16.24-25).

> Ora, todos quantos querem viver piedosamente em Cristo Jesus serão perseguidos (2Tm 3.12).

> Porque vos foi concedida a graça de padecerdes por Cristo e não somente de crerdes nele (Fp 1.29).

> Se, entretanto, quando praticais o bem, sois igualmente afligidos e o suportais com paciência, isto é grato a Deus. Porquanto para isto mesmo fostes chamados, pois que também Cristo sofreu em vosso lugar, deixando-vos exemplo para seguirdes os seus passos (1Pe 2.20-21).

Essas referências e muitas outras destroem o "crer fácil" e a busca de conforto de muito do cristianismo moderno. Podemos concluir dessas passagens que sofrer é tão central à vida cristã quanto a fé. Na verdade, sofremos por causa de nossa fé em Cristo.

Os cristãos são chamados a sofrer por Cristo. Todavia, não reagem ao sofrimento ou se esforçam pela causa de Cristo recorrendo a meios destrutivos e violentos. Nada poderia ser mais contrário à obra e ao caráter de Jesus, nosso Salvador! Ele nos ensina uma maneira radicalmente diferente de perseverarmos em meio ao sofrimento e a nos esforçarmos por seu nome. "Ouvistes que foi dito: Amarás o teu próximo e odiarás o teu inimigo. Eu, porém, vos digo: amai os vossos inimigos e orai pelos que vos perseguem; para que vos torneis filhos do vosso Pai celeste" (Mt 5.43-45a).

TEMOS A PROMESSA de sofrimento, mas, apesar disso, negamos o direito de retaliação ou contra-ataque.

Os apóstolos assimilaram os ensinos de Jesus e escreveram a outros cristãos a respeito desses ensinos. Paulo escreveu aos cristãos em Roma para lembrar-lhes:

Não torneis a ninguém mal por mal; esforçai-vos por fazer o bem perante todos os homens; se possível, quanto depender de vós, tende paz com todos os homens; não vos vingueis a vós mesmos, amados, mas dai lugar à ira; porque está escrito: A mim me pertence a vingança; eu é que retribuirei, diz o Senhor (Rm 12.17-19).

Em seguida, Paulo cita Provérbios 25.21: "Se o que te aborrece tiver fome, dá-lhe pão para comer; se tiver sede, dá-lhe água para beber". Tiago instruiu simplesmente: "Todo homem, pois, seja pronto para ouvir, tardio para falar, tardio para se irar. Porque a ira do homem não produz a justiça de Deus" (Tg 1.19-20).

Temos a promessa de sofrimento, mas, apesar disso, negamos o direito de retaliação ou contra-ataque. Suportamos dificuldades como bons soldados, sem recorrermos à violência.[1]

Um dos exemplos mais convincentes desta postura cristã é o Dr. Martin Luther King Jr. e os protestos civis não violentos dos anos 1960s. Afro-americanos sofreram grande violência por vários séculos na história americana. O sofrimento infligido não discriminava entre cristãos e não cristãos. Contudo, somente quando o Dr. King fez a convocação profética para que

---

1 Ao dizer isto, não estou querendo sugerir que os cristãos não tenham o direito de se defenderem ou que os governos não tenham direito de se protegerem. Romanos 13 estabelece o direito de governos usarem a espada. E a instrução de Jesus dada aos discípulos sobre evitarem a perseguição vindoura (Mt 10.23, por exemplo) deixa claro que os cristãos não estão buscando sofrimento. Os cristãos devem escapar do sofrimento quando for possível e quando o escape não implique negar seu Senhor. No entanto, violência retaliatória motivada por agressão odiosa é condenada pela Escritura.

todos os cristãos afro-americanos e todos os americanos amassem seus inimigos, denunciando a violência, foram reunidos autoridade moral e poder espiritual suficientes para destruir padrões de sofrimento e aflição mantidos por muito tempo. A ética cristã de amar os inimigos e suportar sofrimento por causa da justiça se comprovou social e moralmente redentora para uma nação inteira.

Sofrer como cristão...

Ninguém espera ansiosamente por sofrimento. Preferimos evitá-lo. E com boa razão: sofrimento e aflição são desagradáveis, incômodos e desanimadores. Procuramos instintivamente maneiras de contorná-los. Então, como nos preparamos para o sofrimento e o suportamos, quando ele surge?

A Escritura não nos chama a tempos de sofrimento para depois nos deixar sem orientações sobre as nossas reações. Pelo contrário, ela prossegue e nos ensina como perseverar quando o sofrimento vem. Lembrar três realidades ajuda-nos em tempos de aflição.

... por lembrar-se de Jesus

Nosso Senhor é o "servo sofredor" referido em Isaías 42 e 53. Jesus está familiarizado com muito sofrimento e "foi... tentado em todas as coisas, à nossa semelhança" (Hb 4.15). Portanto, em nossas lutas, devemos lembrar que nosso Senhor nunca aviltou ou injuriou seus atormentadores quando estes o atacaram. Pedro lembrou a seus leitores que Jesus suportou insultos e ameaças como um padrão para a perseverança deles mesmos: "O qual não cometeu pecado, nem dolo algum se achou em sua boca; pois ele, quando ultrajado, não revidava com ultraje; quando maltratado, não fazia ameaças, mas entregava-se àquele que julga retamente" (1Pe 2.22-23).

Somos chamados a lembrar-nos de nosso Senhor sofredor, que enfrentou julgamento com santidade e autocontrole. Ele é nosso padrão e exemplo. Como disse Ajith Fernando, diretor de uma missão no Sri Lanka: "A visão de nosso Salvador nos amando tanto ao ponto de morrer por nós remove o aguilhão de atos rudes".[2] Portanto, "devemos olhar de relance para os nossos problemas e manter os olhos fixos em Jesus".[3]

... POR LEMBRAR-SE DAS PROMESSAS DE DEUS

No Novo Testamento, quando os cristãos sofriam por Cristo, eles se lembravam das promessas de Deus como fonte de perseverança e coragem. O escritor da Epístola aos Hebreus discorre sobre um desses grupos de cristãos que sustentou "grande luta e sofrimentos". Embora, às vezes "expostos como em espetáculo, tanto de opróbrio quanto de tribulações, às vezes tornando-se "coparticipantes com aqueles que desse modo foram tratados", eles aceitaram "com alegria o espólio dos... bens", porque sabiam que tinham "patrimônio superior e durável" (Hb 10.32-34). Em meio a "grande luta e sofrimentos",

---

2 Ajith Fernando, *The Call to Joy and Pain* (Wheaton: Crossway, 2007), 79.
3 Ibid., 80.

eles tomaram posição radical por Cristo e seu povo, porque sabiam que tinham "patrimônio superior e durável".

O que Deus promete aos que sofrem? Primeiramente, que nossa aflição resultará em justiça e santidade. "É para disciplina que perseverais (Deus vos trata como filhos)" (Hb 12.7).

> Deus, porém, nos disciplina para aproveitamento, a fim de sermos participantes da sua santidade. Toda disciplina, com efeito, no momento não parece ser motivo de alegria, mas de tristeza; ao depois, entretanto, produz fruto pacífico aos que têm sido por ela exercitados, fruto de justiça" (vv. 10-11).

Por meio de nossa aflição, Deus promete nos tornar mais semelhantes a ele mesmo.

Em segundo, Deus promete estar conosco em nossas tribulações. "Não temas, porque eu te remi; chamei-te pelo teu nome, tu és meu. Quando passares pelas águas, eu serei contigo; quando, pelos rios, eles não te submergirão; quando passares pelo fogo, não te queimarás, nem a chama arderá em ti... Não temas, pois, porque sou contigo (Is 43.1-2, 5a)." Deus permanece conosco quando sofremos por causa de seu Filho. Ele não nos abandona em nosso tempo de necessidade. Deus promete, e podemos confiar em sua promessa.

Em terceiro, Deus promete livramento. Esta foi a confiança do apóstolo quando considerou sua aflição mais severa. Por um momento, ele se sentiu como se uma sentença de morte tivesse sido escrita em seu coração e perdeu a esperança de continuar vivendo. Então, ele lembrou: "Tivemos a sentença de morte, para que não confiemos em nós, e sim no Deus que ressuscita os mortos; o qual nos livrou e livrará de tão grande morte; em quem temos esperado que ainda continuará a livrar-nos" (2Co 1.9-10). Em outra carta, o apóstolo escreveu: "Deus é fiel e não permitirá que sejais tentados além das vossas forças; pelo contrário, juntamente com a tentação, vos proverá livramento, de sorte que a possais suportar" (1Co 10.13). O Pai limita nosso sofrimento e nos dá livramento.

E a essas promessas divinas de santificação, presença e livramento, podemos acrescentar todas as promessas do evangelho – perdão dos pecados, reconciliação, paz com Deus, vida eterna, ressurreição, graça e esperança. O sofrimento é o meio pelo qual as promessas de Deus são sedimentadas mais profundamente em nossa alma. Como resultado, nos tornamos mais semelhantes a Cristo e perseveramos com alegria.

... POR LEMBRAR-SE DE SUA RECOMPENSA

Para muitos, a perspectiva de sofrer por Cristo parece um trabalho ingrato. Mas o Novo Testamento faz promessas impressionantes sobre uma recompensa vindoura para aqueles que sofrem pelo nome de Cristo.

Jesus prometeu: "Bem-aventurados os perseguidos por causa da justiça, porque deles é o reino dos céus" (Mt 5.10). Também disse a seus seguidores que se regozijassem e exultassem quando fossem maltratados pelos homens por causa dele, "porque é grande o vosso galardão nos céus" (v. 12). Devemos lembrar que o tratamento mau que recebemos por parte dos homens é acompanhado de recompensa por parte de Deus. Embora o sofrimento desta vida seja grande, não é digno de ser comparado com a glória por vir. Em comparação com essa glória, nossos sofrimentos presentes são leves e momentâneos (ver Rm 8.17-18; 1Pe 4.13). Nossa recompensa será compartilharmos da glória de Cristo quando ele vier. Lembrar isso nos ajuda a experimentar alegria em meio às nossas aflições.

Por que falar de sofrimento em um livro sobre evangelização?

Você pode pensar em algo que inspire mais medo de sofrer que a evangelização pessoal? O medo pode nos imobilizar de tal modo que a evangelização se torne sinônimo de sofrimento. Precisamos abordar este tópico negligenciado, para que possamos experimentar o poder libertador do Espírito Santo e da Escritura. Em termos mais específicos, há cinco razões pelas quais devemos abordar evangelização e sofrimento, em especial quando apresentamos o evangelho a amigos muçulmanos.

> *ESPERE SOFRIMENTO para que possa se alegrar à medida que participa dos "sofrimentos de Cristo" (1Pe 4.13).*

Primeira, conhecer os ensinos da Bíblia sobre sofrimento pode nos preparar para que nos alegremos quando o sofrimento vier e para que não fiquemos surpresos. Alguns cristãos sentem medo quando pensam em sofrimento. Outros ficam surpresos quando Deus os permite sofrer. Não deveriam ficar, diz Pedro (1Pe 4.12). Mas imagine... podemos nos alegrar no sofrimento.

Muitas vezes, os cristãos perdem o ânimo e a alegria porque suas aflições os deixam surpresos. Tropeçam espiritualmente porque suas provações os apanharam desinformados. Até concluem erroneamente que suas lutas são evidência de que Deus está insatisfeito com eles ou que estão fora da vontade de Deus. Por isso, o apóstolo Pedro diz que esperemos sofrimento para podermos nos alegrar à medida que somos "coparticipantes dos sofrimentos de Cristo" (1Pe 4.13). E Tiago diz: "Tende por motivo de toda alegria o passardes por várias provações" (Tg 1.12).

Se esperamos provações como evidência de vivermos fielmente a vida cristã, podemos nos regozijar com o fato de que o sofrimento é um distintivo de nossa fé sincera.

Segunda, conhecer o ensino da Bíblia sobre o sofrimento ajuda-nos a evitar a comodidade e o prazer carnal que, do contrário, poderiam dominar nossa vida. Embora desejemos viver em paz com todos os homens, não é paz a qualquer custo. Não estamos dispostos a ganhar paz ao custo de justiça, integridade, retidão e lealdade a Cristo. Porque o Senhor nos conforma a si mesmo (Rm 8.28-29; 1Co 15.49), podemos esperar que ele não nos deixará no molde deste mundo (ver Rm 12.1-2; 1Jo 2.15-17). Nosso sofrimento é um meio que ele emprega para nos desapegar do mundo e nos adequar ao céu. Por meio do sofrimento, Deus vence os desejos de nossa carne e nossas afeições terrenas. É uma maneira de nosso Pai celestial nos ensinar a vivermos para as coisas certas.

Terceira, por conhecermos o ensino bíblico sobre o sofrimento, não precisamos temer os muçulmanos quando compartilhamos o evangelho. Em Mateus 10 Jesus instruiu, várias vezes, os seus discípulos a não temerem (vv. 26, 28 e 31). Se deixarmos o temor nos guiar, desejaremos evitar toda dificuldade e falharemos em anunciar aos outros as boas-novas do amor de Deus em Cristo. Na maioria de meus fracassos como evangelista – e há muitos – o temor achou um lugar em meu coração. Posso pensar nos muitos momentos em que parecia correto transmitir uma palavra de esperança do evangelho e eu fiquei mudo por vários tipos de temores. Até agora me arrependo disso. Mas, na ocasião, o temor do homem, de rejeição, de confrontação, de perder o respeito ou algum outro sofrimento brando me impediu de compartilhar as palavras de vida.

Você já se sentiu dessa maneira? Se já, compreenda que, tendo uma boa e correta teologia do sofrimento, você pode testemunhar com menos temor. O temor do sofrimento nos afasta de participação ativa neste grande conflito cósmico em que Cristo já é vitorioso.

> UMA TEOLOGIA CORRETA *de sofrimento produzirá comunhão mais íntima com Cristo.*

Quarta, conhecer o ensino bíblico sobre o sofrimento nos ajudará a preparar muçulmanos convertidos para suportarem sofrimento.

A maioria dos muçulmanos despertados à fé em Cristo enfrentarão, provavelmente, perseguição imediata. Isso foi o que aconteceu no mundo do Novo Testamento e o que acontece na maioria do mundo muçulmano. Portanto, seríamos negligentes como fazedores de discípulos se ignorássemos esta lição muito fundamental: todos aqueles que querem "viver piedosamente em Cristo Jesus serão perseguidos" (2Tm 3.12).

Nosso dever é ensinar aos convertidos de contexto muçulmano todas as coisas que Cristo ordenou (Mt 28.19-20); e isso inclui seus ensinos sobre como suportar sofrimento com alegria e esperança. Se não conhecermos esses ensinos e não pudermos ensinar que as riquezas de Cristo superam em muito as perdas (Fp 3.7-11), não serviremos bem às pessoas em sua vida como cristãos. Precisamos de uma sólida teologia de sofrimento para realizarmos a importante obra de firmar os discípulos.

Quinta, ter uma teologia correta de sofrimento produzirá comunhão mais íntima com Cristo. Se pensamos que o sofrimento deve ser evitado a todo custo, perderemos a comunhão singular com Jesus, a qual vem somente por compartilharmos de suas aflições. O Novo Testamento nos deixa admirados quando declara que, por causa de nossa união com Cristo, compartilhamos de sua vida – tantos os sofrimentos quanto os consolos. "Porque, assim como os sofrimentos de Cristo se manifestam em grande medida a nosso favor, assim também a nossa consolação transborda por meio de Cristo" (2Co 1.5). O apóstolo Paulo era norteado pelo desejo de conhecer a Cristo; por isso, ele procurava alegremente compartilhar do "poder da sua ressurreição" e da "comunhão dos seus sofrimentos", para que pudesse ser conformado "com ele na sua morte" (Fp 3.10).

Um grande tesouro

Um bom evangelista de muçulmanos na vizinhança ou no trabalho – ou de qualquer pessoa hostil ou desinformada sobre Jesus – pode esperar desafio e sofrimento. Seja cuidadoso para não fugir do sofrimento pelo nome de Cristo. Olhe para as recompensas que ele promete, incluindo comunhão mais íntima com o Salvador, e continue evangelizando.

Lembre o jovem rico que perguntou a Jesus: "Que farei eu de bom, para alcançar a vida eterna?" Jesus respondeu: "Vai, vende os teus bens, dá aos pobres e terás um tesouro no céu; depois, vem e segue-me" (Mt 19.21). O relato nos diz que esse jovem foi embora triste porque tinha muita riqueza. Em outras palavras, ele não quis sofrer perdas neste mundo por causa da vida no mundo vindouro.

Ele foi um homem tolo. Cristo é um tesouro mais valioso do que tudo que o mundo pode oferecer. É a promessa da vida com Cristo agora e na eternidade que torna o sofrimento uma coisa insignificante. Lembre essa verdade quando você apresentar o evangelho a muçulmanos. Lembre aos amigos muçulmanos que o custo da conversão e do compromisso com Cristo vale a pena; pois aqueles que seguem a Cristo têm uma nova vida e esperança eterna. E um dia, quando virmos a Cristo, "seremos semelhantes a ele" (1Jo 3.2) e ficaremos satisfeitos (Sl 17.15).

COISAS A LEMBRAR

1. Quando experimentar sofrimento na causa de Cristo, mantenha os olhos em Jesus, lembre-se das promessas de Deus e olhe para a sua recompensa futura. "É grande o vosso galardão nos céus" (Mt 5.12).

2. Sofrer não é incomum para o povo que vive para Cristo. Podemos esperá-lo. Portanto, preparar-se para sofrer e ensinar os outros a suportar o sofrimento é uma parte necessária do que significa fazer discípulos. Em específico, muçulmanos convertidos precisarão que essa lição lhes seja bem ensinada e mostrada em exemplos de vida.

Epílogo

Há pouco mais de uma década eu era um inimigo da cruz. Eu me opunha ao evangelho de meu Senhor e a seu povo. Não sei se poderia ter sido mais insensível em toda a minha atitude.

No entanto, Deus me salvou. Ele não somente me salvou, como também me deu o grande privilégio de pregar seu evangelho e pastorear seu povo. Não posso imaginar uma reviravolta maior em tão pequeno espaço de tempo! Quando olho em retrospectiva e considero os anos em que tenho sido cristão, admiro-me das riquezas da graça de Deus.

De vez em quando, o Senhor me dá o privilégio de participar de diálogos e conversas com muçulmanos. Por meio desses encontros, Deus me dá um vislumbre de sua sabedoria inesgotável. Enquanto uma parte de mim lamenta os dias em que passei no islamismo, outra parte se regozija no fato de que Deus tinha um propósito admirável em permitir que eu gastasse anos pródigos como um muçulmano, a fim de redimir aquela experiência como um evangelista e pastor cristão. Clamo junto com outro ex-inimigo da cruz, o apóstolo Paulo: "Ó profundidade da riqueza, tanto da sabedoria como do conhecimento de Deus! Quão insondáveis são os seus juízos, e quão inescrutáveis, os seus caminhos!" (Rm 11.33).

E, com o apóstolo, maravilho-me da bondade de Deus: "A mim, que, noutro tempo, era blasfemo, e perseguidor, e insolente. Mas obtive misericórdia, pois o fiz na ignorância, na incredulidade. Transbordou, porém, a graça de nosso Senhor com a fé e o amor que há em Cristo Jesus" (1Tm 1.13-14).

No que diz respeito à evangelização de mulçumanos, o maior mito é que muçulmanos não se convertem. Estou aqui para lhe dizer que eles se convertem. Mas não leve em conta a minha palavra. Leve em conta a Palavra de Deus: "O evangelho... é o poder de Deus para a salvação de todo aquele que crê, primeiro do judeu e também do grego" (Rm 1.16) – incluindo os gentios muçulmanos.

Não pare em minha história. Vá e cumpra sua parte na história mais ampla de Deus, a história de trazer pessoas de todas as nações ao conhecimento salvador de seu Filho e à vida eterna.

Eu creio no poder de Deus no evangelho. Como você, meu leitor cristão, provei esse poder e nasci de novo. Eu creio que este mesmo evangelho é o poder de Deus para ganharmos para Cristo nossos vizinhos, amigos e colegas de trabalho muçulmanos. Conhecemos o evangelho suficiente-

Epílogo

mente para ajudar pessoas muçulmanas a acharem a vida eterna por meio do Filho de Deus. Anunciemos com grande alegria as boas-novas!

APÊNDICE

As Boas-Novas para Muçulmanos Afro-Americanos

O islamismo é uma religião com muitas diversidades. Os muçulmanos árabes diferem dos praticantes de uma forma sincrética e popular na Indonésia, que diferem dos muçulmanos afro-americanos.

Portanto, uma pergunta importante que devemos fazer quando compartilhamos as boas-novas com muçulmanos na América é: com que tipo de muçulmano estou falando? Há algumas diferenças principais entre muçulmanos árabes tradicionais, ou ortodoxos, e muçulmanos afro-americanos. Os muçulmanos afro-americanos são a comunidade de muçulmanos de crescimento mais rápido nos Estados Unidos. Se quisermos alcançar nossos vizinhos e amigos, precisamos saber algo sobre a sua perspectiva singular.

Como novo convertido ao islamismo, fiquei fascinado com a força que eu via nos homens muçulmanos afro-americanos.

Eles levavam vidas limpas, falavam elevadamente da família e da comunidade, e tomavam a causa da justiça em favor dos pobres e oprimidos. Nunca conheci homens afro-americanos como eles.

Passando tempo com Saleem

Saleem era um desses irmãos. Ele era devotado à sua esposa e carinhoso para com ela. Tinha uma família linda – dois meninos agradáveis e duas filhas graciosas. Trabalhava duro num emprego de tempo integral e aceitava oportunidades ocasionais de meio período, para que sua esposa permanecesse no lar com os filhos. Sempre que houvesse necessidade na comunidade, era certo que Saleem ajudaria. Brincávamos costumeiramente com ele sobre os "desgarrados" que trazia ao seu lar, rapazes que sempre pareciam ter hábitos estranhos ou necessidades incomuns. Saleem era um bom homem.

E apreciei os anos em que passei em sua companhia. Foram longas noites de conversas calorosas a respeito de tudo, desde história e política a eventos correntes, desde relacionamentos entre homens e mulheres a teologia. Foi de Saleem e de alguns outros amigos muçulmanos que aprendi a narrativa predominante entre muçulmanos afro-americanos. A narrativa pode ser resumida em quatro objeções ao cristianismo.

História e Identidade

Muçulmanos africanos chegaram à América durante o comércio transatlântico de escravos. O islamismo fez suas

Apêndice: As boas-novas para muçulmanos afro-americanos

incursões para o Oeste da África muito antes do comércio de escravos atingir seu auge. Muitos dos africanos escravizados eram praticantes fiéis.

Este incidente histórico tem um efeito interessante em muitos dos muçulmanos afro-americanos de hoje. Acrescenta uma nota de orgulho. Muitos dos afro-americanos pensarão no islamismo como mais natural a povos, cultura e história africanos do que o cristianismo. Eles creem que ser um muçulmano é, de alguma maneira, ser mais "autenticamente" negro.

Os ensinos radicais da Nação do Islã e de Malcolm X nos Estados Unidos tem muito a ver com essa perspectiva. Malcolm X e a Nação do Islã difamavam o cristianismo como "a religião do homem branco", com seu "Jesus de cabelos loiros e olhos azuis".

> *ASSEGURE-SE DE QUE nossos amigos não pensem que estamos lhes pedindo que "reneguem" sua história e cultura. Afinal de contas, o cristianismo tem raízes na África que são muito mais antigas do que o comércio de escravos ou o islamismo.*

Assegure-se de que nossos amigos não pensem que estamos lhes pedindo que "reneguem" sua história e cultura. Afinal de contas, o cristianismo tem raízes na África que são muito mais antigas do que o comércio de escravos ou o islamismo.

Quando compartilhamos o evangelho com muçulmanos afro-americanos, não estamos apenas tendo uma conversa sobre religião. Estamos tendo uma discussão sobre identidade racial. Portanto, precisamos ser cuidadosos em ouvir bem. E, sempre que pudermos, precisamos assegurar-nos de que nossos amigos não pensem que estamos atacando o que eles são ou pedindo-lhes que "reneguem" sua própria história e cultura.

Política

O islamismo afro-americano, quer na Nação do Islã ou nas expressões mais ortodoxas como o Movimento Muçulmano Americano de W. Deen Muhammad, tende a mesclar-se intimamente com uma filosofia política de Nacionalismo Negro.[1] Para muitos afro-americanos, o islamismo representa certa postura reacionária para com a sociedade, história e valores ocidentais. Como uma fé, o islamismo fortalece a resolução política e ativista por maior autonomia, poder e autodeterminação em face de opressão e perseguição.

---

1 O islamismo afro-americano é bem diverso. As mais antigas expressões organizacionais de islamismo foram o *Moorish Science Temple*, de Noble Drew Ali, fundado em 1913. A Nação do Islã, conhecida popularmente como "Muçulmanos Negros" começou nos anos 1930 sob a liderança de Farhud Muhammad, chamado pelos seguidores Mestre Fard or Farhud. Elijah Muhammad, um dos primeiros alunos de Farhud Muhammad, assumiu a liderança da Nação do Islã depois do curioso desaparecimento de Farhud Muhammad. Elijah Muhammad liderou a organização até sua morte em 1975. Alguns anos antes de sua morte, a Nação do Islã experimentou problemas organizacionais, quando seu mais famoso adepto, Malcolm X, levou um grupo de muçulmanos da Nação do Islã a formar uma organização mais ortodoxa. O movimento de Malcolm teve vida curta. Mas logo o filho de Elijah Muhammad, W. Deen Muhammad, seguiu os passos de Malcolm e fundou o que hoje é conhecido como a Sociedade Americana de Muçulmanos, um grupo sunita de muçulmanos afro-americanos. Louis Farrahkan sucedeu Elijah Muhammad como o líder da Nação do Islã. Vários outros grupos de muçulmanos afro-americanos têm surgido nos Estados Unidos, incluindo o *Ansaru Allah* ou Hebreus Islâmicos Nubianos e o *Five Percent Nation of Islam*. Para leitura adicional, ver Clifton Marsh, *From Black Muslims to Muslims: The Transition from Separatism to Islam* (Meteushen, N.J.: Scarecrow Press, 1984); e Elijah Muhammad, *Message to the Black Man in America* (Chicago: Muhammad Mosque of Islam No. 2, 1965).

Isso não é peculiar a muçulmanos afro-americanos. Você lembra o enfermeiro Jamal mencionado no capítulo 7? Ele gastou 20 minutos me contando seu ponto de vista sobre as relações entre árabes e americanos antes de se voltar às questões espirituais. Mas, no caso de muçulmanos afro-americanos, muitos cristãos brancos podem sentir-se temerosos e mal preparados para a mescla de islamismo com identidade radical e filosofia política. Podem ser tentados a evitar falar sobre Jesus completamente, por terem medo de debate acalorado.

A IGREJA NEGRA

Muitos afro-americanos também criticarão a histórica igreja afro-americana. Para eles, a igreja deixou de ser, há muito, uma voz profética em favor de justiça e equidade. Muitos veem a igreja como uma organização muito acomodada ao poder e privilégio dos brancos e, por isso, responsável por atrasar o progresso afro-americano.

A pregação da igreja a respeito de um salvador branco diminui o valor próprio e a autoconfiança de pessoas afro-americanas. Os muçulmanos argumentam que, se os brancos podem fazer Deus à imagem deles, então, os negros precisam certamente adorar e servir a um Deus negro. Visto que a histórica igreja negra falha nessa análise, os muçulmanos afro-americanos tendem a desconsiderar as afirmações e os esforços dela. E veem o cristianismo como uma força escravizante e colonizadora, usada tanto pelos opressores brancos de afro-americanos quanto por seus substitutos negros.

Masculinidade e feminilidade verdadeiras

Em geral, os muçulmanos afro-americanos levam a sério a família. Tendem a ter famílias grandes organizadas em papéis de gênero tradicionais de liderança masculina e submissão feminina. Para os muçulmanos afro-americanos, o islamismo pode ser visto como a única força que restaura a vida familiar saudável, incluindo fortes provedores masculinos e esposas e mães virtuosas.

A devastação da vida familiar de negros é, às vezes, atribuída ao que é visto como uma influência cristã *emasculadora*. Os homens cristãos são vistos como fracos. Muçulmanos afro-americanos se opõem a igrejas e lares dominados por mulheres. Por isso, muito do sucesso do islamismo em comunidades afro-americanas vem da habilidade da comunidade muçulmana para reabilitar e fortalecer homens afro-americanos e de seu interesse pela proteção da família afro-americana.

Algumas sugestões

Uma breve e poderosa mensagem emerge dessas objeções. O islamismo depende da sobrevivência da comunidade afro-americana, enquanto o cristianismo está carregado de muitos dos males da comunidade negra. Libertação exige abandono da fé cristã. Ter poder significa adotar o islamismo como estilo de vida, filosofia política e identidade que repara as injustiças de séculos de maus tratos.

Então, como podemos alcançar amigos muçulmanos afro-americanos, se há tantos obstáculos? Na verdade, muçulmanos afro-americanos não são mais difíceis de alcançar do que muçulmanos árabes, ou ateístas ou seu vizinho hindu. As objeções se desenvolvem apenas a partir de uma história de interações raciais que deixam sentimentos vulneráveis. Mas o mesmo evangelho que nos salvou é o que salva muçulmanos afro-americanos, dos quais eu fui um.

Eis algumas coisas que devemos ter em mente quando falamos de Jesus para muçulmanos afro-americanos.

Use as experiências de igreja que muitos dos afro-americanos têm. Ainda que seu amigo muçulmano afro-americano seja hostil à igreja negra, há chances de que ele já tenha passado algum tempo na igreja negra. Além disso, é altamente provável que algum membro de família importante – mãe ou avó – continue a ser parte fiel de uma igreja local. Haverá lembranças e algum respeito pela fé de membros da família, por mais enganada que eles pensem que tal fé seja.

Um elemento proveitoso com o qual poderíamos começar são as boas lembranças que eles têm ou as coisas que respeitam quanto à fé de seus queridos. Especialmente, se você está tentando compartilhar o evangelho entre grupos étnicos, a partir de fora da experiência afro-americana, fazer avaliações positivas da comunidade afro-americana – incluindo a igreja – pode ajudá-lo a levar a conversa em direção às coisas espirituais. A maioria dos muçulmanos afro-americanos terão, pelo menos, algumas categorias cristãs e alguma exposição à igreja que serão úteis para trabalharmos em direção à cruz de Cristo.

Faça concessões sempre que for possível. Quando muçulmanos afro-americanos começarem a enumerar as injustiças históricas que têm sofrido ou a expor opiniões políticas que você não defende, ore e evite debater com eles. Sempre que possível, faça concessões em pontos que são plausíveis. Quem pode argumentar contra a brutalidade da escravidão de pessoas? Quem pode defender legitimamente a segregação das leis Jim Crow? E podemos viver realmente confiantes de que toda instância de racismo foi eliminada da sociedade? Se formos humildes e honestos, devemos admitir que coisas trágicas têm acontecido e acontecerão. Nunca defenderei as Cruzadas quando estiver tentando falar com muçulmanos sobre Jesus. Semelhantemente, oferecer uma defesa da escravidão diante de afro-americanos não será proveitoso, porque nos afastará do assunto principal – a cruz de Cristo. Portanto, sempre que for possível, faça concessões em tais assuntos. E, mais do que isso, sempre que for possível, condene o racismo e os maus tratos de outros. Insista na necessidade das pessoas confiarem em Cristo para serem salvas de seus pecados.

Por fim, demonstre a alternativa de uma comunidade de pessoas amorosas. Apesar de toda a sua retórica sobre irmandade e comunidade universal, em minha opinião, o islamismo não vive de acordo com o que afirma. No contexto afro-americano, "a comunidade" tende a menosprezar abstratamente todos os afro-americanos. O que isto significa é que muitos dos afro-americanos – incluindo muçulmanos – vivem realmente em bolsões de enorme alienação. "Comunidade" significa sustentar a mesma filosofia política e a mesma identidade política. Raramente significa relacionamentos íntimos, amorosos e pessoais.

No entanto, a igreja cristã inclui, por definição, unidade espiritual com Cristo e com todos os outros cristãos. As igrejas cristãs podem falhar em ser lugares de comunidade genuína. Mas, onde essas comunidades existem, elas são uma narrativa poderosa e contrária à que é sustentada pela maioria dos muçulmanos afro-americanos. Essa narrativa contrária revela quão superficial pode ser uma "comunidade" filosófica e política. Não há nada como o amor tangível para compelir as pessoas a considerarem a verdade sobre Jesus (Jo 13.34-35). E, sempre que essas comunidades praticam o ensino bíblico sobre a família e os papéis do homem e da mulher, anulam uma característica atraente do islamismo afro-americano.

COISAS A LEMBRAR

1. A maioria dos muçulmanos afro-americanos podem ter tido alguma exposição ao cristianismo e a ideias cristãs. Lembre-se de usar estes elementos de contato como pontos de partida para esclarecer e explicar o evangelho.

2. Seja paciente na discussão com muçulmanos afro-americanos. Compreenda que muitas conversas sobre religião estão ligadas a importantes questões de identidade. Evite comentários críticos sobre identidade étnica ou política e focalize mais diretamente em apresentar com clareza o evangelho, o arrependimento e a fé.

FIEL
Editora

O Ministério Fiel tem como propósito servir a Deus através do serviço ao povo de Deus, a Igreja.

Em nosso site, na internet, disponibilizamos centenas de recursos gratuitos, como vídeos de pregações e conferências, artigos, e-books, livros em áudio, blog e muito mais.

Oferecemos ao nosso leitor materiais que, cremos, serão de grande proveito para sua edificação, instrução e crescimento espiritual.

Assine também nosso informativo e faça parte da comunidade Fiel. Através do informativo, você terá acesso a vários materiais gratuitos e promoções especiais exclusivos para quem faz parte de nossa comunidade.

Visite nosso website

www.ministeriofiel.com.br

e faça parte da comunidade Fiel